Johanna Lindemann

Die Hochhaus-Detektive

Achtung, Handyfalle!

IMPRESSUM

Bibliografische Information der Deutschen Bibliothek.
Die Deutsche Bibliothek verzeichnet diese Publikation in der Deutschen Nationalbibliografie.
Detaillierte bibliografische Daten sind im Internet über http://www.dnb.de/ abrufbar.

Ein Buch der Edition Michael Fischer

1. Auflage 2023

Text: Johanna Lindemann

Illustration: Elli Bruder

Satz: Alexandra Wolf

Lektorat und Produktmanagement: Corinna Scherr

ISBN: 978-3-7459-1780-2

Gedruckt bei GGP Media GmbH, Karl-Marx-Straße 24,
07381 Pößneck
www.emf-verlag.de

MIX
Papier | Fördert gute Waldnutzung
FSC® C145070

Johanna Lindemann

Die Hochhaus-Detektive

Achtung, Handyfalle!

Illustriert von Elli Bruder

EMF

EIN BUCH DER
EDITION MICHAEL FISCHER

ANTON

Der Tüftler & Internetchecker

Anton baut aus einer Salatschüssel und Solarzelle einen Cola-Kühler. Ohne Klebeband und Kabelbinder geht er nicht aus dem Haus. Außerdem ist er der Mann für Recherchearbeiten.

ISHA

Das Superhirn

Isha liebt Verbrechen, knifflige Rätsel und kann extrem gut Wissen abspeichern. Ihren Verstand schärft sie mit Yoga und dem Lesen von Krimis.

MESUT

Der Überzeugungskünstler

Mesut ist nicht nur auf dem Schachbrett schlagfertig. Seine Superpower ist seine Redekunst, er könnte sogar einen Cheeseburger überzeugen, dass er in Wirklichkeit ein Döner ist.

Inhalt

PROLOG

TUUUT. TUUUT. TUUUT.

„Jetzt geh schon ran!"

Die Telefonverbindung baut sich auf: „Hallo?"

„Hey, ich bin's. Hab wieder 'nen Schwung Handys. 1-a-Ware. Alles edle Teile."

„Sind sie gesichert?"

„Nee, alle ohne Bildschirmsperre. Wie kann man nur so doof sein?"

„Okay, lass sehen."

„Übergabe wie gehabt. Bis später."

STRENG GENOMMEN: EIN NEUER FALL

RRRRRRRRINGGGG, machte die Schulglocke.

„Wochenende – hoch die Hände!“, rief Anton. Er schnappte sich seinen Rucksack und stürmte hinter den anderen Kindern aus dem Klassenzimmer ins Freie. Draußen schien ihm die Septembersonne warm ins Gesicht: das perfekte Wetter, um mit seinen Freunden Isha und Mesut hoch über der Stadt Verbrecher zu jagen. Allein der Gedanken daran ließ Antons Körper wohlig kribbeln.

Anton, Isha und Mesut wohnten alle drei im Haus mit der Nummer 42 in der Hochhaussiedlung am Rande der Stadt: Mesut im 11. Stock, Anton im 20., und genau gegenüber war vor vier Wochen Isha eingezogen. In den Sommerferien hatten die drei ihre gemeinsame Liebe für professionelle Ermittlungsarbeit entdeckt und oben auf dem Dach ihr Detektivbüro gegründet: die Hochhaus-Detektive, kurz: HD42. Von ihrem Büro aus konnten sie superweit schauen und die Stadt nach Verbrechern absuchen. Und so hatten sie gleich nach ihrer Gründung einen spektakulären Fall gelöst.

Seit den Sommerferien bretterte jedoch der Schulalltag gnadenlos über sie hinweg und ließ ihnen unter der Woche wenig Zeit für Detektivarbeit. Manchmal befürchtete Anton schon, dass ihr Ruhm bald verblasen würde, so wie gerade die Blätter an den Bäumen. Doch jetzt war erst mal Freitag Mittag und das Wochenende lag vor ihnen wie ein unausgepacktes Geburtstagsgeschenk.

Anton beeilte sich, um an ihren gewohnten Treffpunkt vor dem Schulgebäude zu kommen. Doch egal, wie sehr er sich auch abmühte, Mesut und Isha waren immer vor ihm da. Die beiden gingen in die 3. Klasse, eine Klasse unter Anton, und sahen wie jeden Tag sehr ungeduldig aus.

„Wie kann man nur so eine Bummelschnecke sein“, sagte Isha zur Begrüßung.

„Oder willst du uns absichtlich quälen?“, schimpfte Mesut.

Anton grinste: „Ich freu mich auch, euch zu sehen.“

Seitdem seine Freunde als Belohnung für ihren letzten Fall ein brandneues Luxus-Smartphone bekommen hatten, gab es für sie nur noch eins: Internet oder die Suche danach.

Deswegen drängelte Isha nun: „Los! Ab zu Deniz, am Kiosk haben wir wieder WLAN!“

„Genau!“, stöhnte Mesut und fing zum hundertsten Mal an zu klagen: „Warum haben wir zu unseren Handys nicht noch einen Vertrag für Internet bekommen? Jetzt müssen wir immer nach WLAN geiern.“

Anton musste lachen, weil sich Mesut und Isha wirklich ständig wie die Geier auf WLAN-Netze stürzten. Er war der Einzige von HD42, der schon einen Handyvertrag hatte, damit seine Mama ihn immer erreichen konnte.

Anton legte seinen rechten Arm auf Mesuts Schulter, seinen linken auf Ishas Schulter und sagte: „Leute, wisst ihr, was noch viel cooler als WLAN-Geierei ist? Heute ist das perfekte Wetter für Verbrecherjagd. Wir gehen gleich schön hoch in unser Büro und halten Ausschau nach einem neuen Fall – so wie in guten alten Zeiten."

Isha und Mesut grinsten: Denn die guten, alten Zeiten waren gerade mal vier Wochen her.

Anton schwor seine Kollegen ein: „Glaubt mir, es ist wieder so weit. Ein neuer Fall liegt in der Luft. Ich hab da so ein Gefühl in meinem linken kleinen Zeh."

Jetzt mussten Isha und Mesut lachen. „Der scheint ja was ganz Besonderes zu sein, dein linker kleiner Zeh", grinste Mesut.

„Ja, das ist er", grinste Anton zurück. „Spürt ihr nicht auch dieses Kribbeln in euch? Wir werden dieses Wochenende noch einen Fall lösen."

„Inschallah", sagte Mesut. „So Gott will."

„Bitte, liebe Kali Ma", flehte Isha, die als Hindu die blaue indische Göttin Kali verehrte. Wie als Antwort darauf machte es einen lauten Knall aus dem Auspuff eines vorbeifahrenden Lieferwagens. Isha zuckte erschrocken zusammen. Mesut lachte Isha aus: „Was bist du schreckhaft geworden! Los, ab zu Deniz. Yallah, wir brauchen WLAN!"

Die Freunde wollten gerade losgehen, da kam von hinten eine Hand über Antons Kopf und riss sein Käppi runter. Es war Maxim, der im Hochhaus gegenüber wohnte.

„Wen haben wir denn da? Die berühmten Hochhaus-Detektive. Und, wie läuft euer Detektivgeschäft so?“, höhnte er und warf Antons Käppi in die Luft.

„Lass das!“, schrie Anton und versuchte, sein Käppi zurückzuerobern. Doch Maxim war schon 14 und einen Kopf größer als Anton. Er fing das Käppi in der Luft auf und warf es wieder hoch.

„Na, Fettkloß, kommste nicht ran. Diesen Fall kannste nicht lösen. Haha.“

Vergeblich sprang Anton hoch, um an sein geliebtes Käppi heranzukommen. Da tippte jemand Maxim von hinten auf die linke Schulter. Als dieser sich verwundert umdrehte, war Isha längst abgetaucht. In der Zwischenzeit hatte Mesut Antons Käppi noch in

der Luft aufgefangen und war damit zu Anton und Isha gerannt.

Die drei liefen, so schnell wie sie konnten, weg. Maxim rief ihnen hinterher: „Ich krieg euch noch! Ihr Möchtegern-Sherlock-Holmes! Oder besser: Die drei Flachpfeifen.“

Anton, Isha und Mesut liefen den ganzen Weg bis zur Hochhaussiedlung. Völlig außer Atem kamen sie am Kioskhäuschen an, das inmitten der Hochhäuser lag. Der Kiosk war das Herz der Siedlung, Treffpunkt für Groß und Klein.

„Maxim ist so eine Arschgeige", keuchte Anton.

„Ja, was ist mit dem los, warum ist der so aggressiv?", fragte Isha.

„Schlechtes Elternhaus", seufzte Mesut. „Der ist doch nur neidisch auf unseren Ruhm. Auf den Schreck brauch ich erst mal was Süßes." Mesut lehnte sich über die Kiosktheke und rief: „Ey, Deniz, mach uns mal drei Wassereis klar."

„Geht klar, Bro", antwortete Deniz und schlurfte zur Tiefkühltruhe. Deniz war schon 20 und mit Mesuts großem Bruder Firat befreundet. Er hatte immer ein offenes Ohr für Mesut, Isha und Anton. Sofort hatte er eingewilligt, der offizielle Außenposten von HD42 zu sein und sie mit den neuesten Infos zu versorgen.

Während sie auf ihr Eis warteten, betrachtete Isha die Erwachsenen, die um den Kiosk standen: „Daran werde ich mich nie gewöhnen."

„Was stört dich denn jetzt schon wieder?", knurrte Mesut. Er konnte es nicht leiden, wenn Isha, die vorher in einem schickeren Stadtteil gewohnt hatte, schlecht über die Hochhaussiedlung redete. Mesut war hier aufgewachsen, das war seine Heimat.

Isha ließ sich nicht beirren: „Findet ihr nicht, dass hier für diese Uhrzeit ungewöhnlich viele Menschen mit Bierflaschen rumstehen? Dieser Geruch! Riecht ihr das nicht?"

Anton schnupperte. So hatte sein Papa immer gerochen, wenn er verwaschen geredet hatte und am nächsten Morgen nicht aus dem Bett gekommen war.

Mesut aber regte sich über Isha auf: „Und, stört dein feines Näschen noch etwas?"

Obwohl Isha so schlau war, hatte sie mal wieder die Ironie in Mesuts Frage nicht verstanden. Deswegen redete sie weiter: „Da fallen mir 1.000 Dinge ein: Die verrosteten Spielgeräte, die kaputte Bank, der ganze Müll und – AU!"

Anton hatte Isha seinen Ellbogen in die Seite geboxt. „Merkste selber", sagte Mesut, nahm sein Wassereis von Deniz entgegen und setzte sich an einen der leeren Tische. Isha setzte sich mit ihrem Eis neben ihn. Mesut und Isha sahen sich finster an. Im nächsten Moment holten sie – wie zwei Cowboys bei einem Western-Duell – gleichzeitig ihre Handys heraus und wählten sich bei Deniz ins WLAN ein.

„Endlich!", seufzten die beiden und lächelten sich an.

Da machte es PING auf Mesuts Handy. Er schaute nach, wer ihm geschrieben hatte: „Schon wieder Pauline!"

Pauline war die Enkelin von Oma Adelheid, eins der reichen Opfer aus ihrem letzten Fall. Anfangs hatte sie geglaubt, die Hochhaus-Detektive seien selbst die Handtaschenräuber ihrer Oma gewesen. Seitdem sie jedoch begriffen hatte, wie genial Isha, Anton und Mesut waren, wollte sie auch unbedingt bei HD42 mitmachen.

„Hat die immer noch nicht aufgegeben?", fragte Isha.

„Sie schreibt mir andauernd. Wahrscheinlich ist sie in mich verliebt", grinste Mesut.

„Wäre ja eine gute Partie. Die hat bestimmt Geld wie Heu", lachte Anton, der mit seinem Wassereis dazugekommen war.

„Für mich zählt nur der Charakter", feixte Mesut zurück.

Isha rollte genervt mit ihren Augen und wandte sich wie Mesut wieder ihrem Handy zu.

Anton setzte sich zu seinen Freunden und erzählte: „Ich weiß nicht, ob euch das klar ist, aber in acht Tagen habe ich Geburtstag!"

„Hm-hm", machten Mesut und Isha, die weiter auf ihre Smartphones starrten.

Anton versuchte einen neuen Anlauf: „Leute, nächsten Samstag werde ich unglaubliche elf Jahre alt! Ich komme jetzt langsam in ein Alter, in dem ich für die harten und grausamen Fälle bereit bin."

„Cool", sagte Mesut. Isha hielt ihren Daumen hoch. Anton konnte nur den Kopf schütteln über seine Kollegen und leckte an seinem Eis. Niemals hätte er gedacht, dass er sich mal über den Handykonsum anderer wundern würde. Schließlich hatte er Wochen, ja Monate alleine zu Hause gezockt. Deswegen war Anton auch wirklich großzügig, was dieses Thema anbelangte.

„Und, was spielst du?", fragte Anton Mesut.

Der murmelte nur: „Bonbons rumschieben."

Anton kicherte: „Candy Crush? Ernsthaft? Das spielen doch nur Muttis!"

„Willst du mich beleidigen?“, empörte sich Mesut, ohne von seinem Spiel aufzuschauen.

„Ich hätte nicht gedacht, dass du als Schachspieler einmal so tief sinken würdest, Mesut“, wunderte sich Anton. „Ist Candy Crush nicht unter deiner Würde?“

Mesut knurrte: „Ich will einfach nur ein bisschen entspannen. Ist das zu viel verlangt? Gleich verfällt mein Bonus, also: Klappe!“

Anton seufzte und beugte sich zu Isha hinüber. „Und was schaust du da?“

„Och, nur ein paar YouTube Shorts“, meinte Isha und ließ ihre langen schwarzen Haare so über das Handy fallen, dass Anton nichts sehen konnte.

„Zeig mal“, meinte Anton und schob Ishas Haare wie einen Vorhang auseinander.

Isha brummte: „Lass mich, ich darf nichts verpassen. Das sind TRUE CRIME, echte Verbrechen an echten Orten.“

„Echt?“, grinste Anton. „Wir lösen doch auch echte Verbrechen.“

„Aber die hier sind viel spannender! Schhht, jetzt kommt die Kettensäge!“

Anton war verwundert: „Erlauben dir deine Eltern so was?“

„Die kriegen das doch gar nicht mit. Die streiten wieder die ganze Zeit. Heute um 17 Uhr landet meine Oma Dinky.“

„Was? Deine Oma Dinky kommt?“

„Die aus Indien?“, fragte nun auch Mesut, ohne den Blick von seinem Spiel zu nehmen.

„Ja. Hab ich euch das nicht erzählt?“, fragte Isha, während sie weiter auf das Video starrte.

Anton konnte es nicht fassen: „Nein, das hast du uns nicht erzählt, Isha.“

Selbst Mesut wunderte sich: „Warum erzählst du uns so was nicht?“

Anton sagte streng: „Jetzt packt eure verdammten Handys weg und redet ordentlich mit mir!“

„Ey! Beleidige nicht unsere Handys!“, rief Mesut.

„Also, was wollt ihr über meine Oma Dinky wissen?“, fragte Isha, legte ihr Smartphone auf den Tisch, schielte jedoch weiter darauf.

„Warum kommt sie plötzlich?“, fragte Anton. „Und halt dein Video an.“

Isha gehorchte genervt und erzählte: „Sie ist Fan von HD42 und superstolz, dass wir die reichste Frau der Stadt vor einem gemeinen Trickbetrüger gerettet haben.“

Das hörten Ishas Kollegen gern: „Yeah!“, riefen Anton und Mesut gleichzeitig und klatschten sich ab.

„Das haben wir!“, sagte Anton.

„Wisst ihr noch, wie Waltraud von der Waffel mit ihrem Jagdgewehr die Treppenstufen von ihrer Villa hinuntergerannt kam?“, prustete Mesut.

„Dabei hatten wir den Dieb schon längst überwältigt“, grinste Anton.

„Du hast ihn plattgemacht“, korrigierte Isha ihn.

„Im wahrsten Sinne des Wortes“, lachte Mesut.

Anton kicherte, denn sein Körper verfügte über ein stattliches Gewicht. Dann betrachtete er Isha: „Ich versteh immer noch nicht, warum du uns nicht erzählt hast, dass Oma Dinky kommt?“

Isha seufzte: „Seit sie sich angekündigt hat, ist bei uns zu Hause Katastrophenstimmung. Oma weiß noch nicht, dass das Restaurant meiner Eltern wegen Corona schließen musste und wir jetzt hier – “, Mesut warf Isha einen strengen Blick zu, „… wohnen. Meine Oma kommt aus einer angesehenen Familie. Mama hat Angst, dass ihre Schwiegermutter enttäuscht sein wird.“

„Ist deine Oma so streng?“, fragte Anton.

Isha kniff die Augen zusammen und dachte nach: „Diese Frage kann ich dir nicht beantworten.“ Damit war für sie alles gesagt, und sie startete ihr Video erneut. Auch Mesut wandte sich wieder seinem Spiel zu.

Anton seufzte und leckte sein Wassereis weiter. Dabei hielt er Ausschau, ob Maxim zu sehen war. Denn auch der musste auf seinem Nachhauseweg am Kiosk vorbeikommen.

Und tatsächlich: Da hinten kam Maxim! Er schaute gerade einem stylish aussehenden Mädchen hinterher. Anton musste lachen, als er erkannte, um wen es sich handelte: Es war Swati, Ishas 14-jährige Nervschwester.

„Ich glaube, Maxim steht auf Swati!“

„Ihh, Anton. Du bist so eklig“, antwortete Isha, ohne von ihrem Video aufzuschauen.

Da beobachtete Anton, wie nun ein kleines Mädchen vor Maxim stand. Eingeschüchtert öffnete sie ihren Schulranzen, holte ihr Smartphone heraus und reichte es Maxim, der es ihr genervt aus der Hand riss.

Geschockt ließ Anton sein Eis sinken: „Ey, Leute! Spinn ich oder zieht Maxim der Erstklässlerin gerade ihr Handy ab?"

Jetzt hatte Anton die volle Aufmerksamkeit seiner Kollegen.

Die drei Hochhaus-Detektive schauten gebannt zu, wie Maxim das Handy der verängstigt aussehenden Erstklässlerin in der Hand hielt und eine Geste machte, dass das Mädchen abhauen sollte. Was sie dann auch sofort tat.

„Das gibt's doch nicht!", rief Anton.

„Wir müssen eingreifen", rief Isha und stand so ruckartig von ihrem Plastikstuhl auf, dass er mit einem lauten Knall umfiel. Vor Schreck wäre Isha fast selbst umgefallen.

Maxim schaute finster zu ihnen rüber. Dann zog er sich die Kapuze seines schwarzen Pullovers ins Gesicht und setzte sich auf die Treppenstufen vor dem Spielplatz.

Mesut flüsterte zu Isha: „Alter, das ist Maxim! Da können wir nicht einfach rüberspazieren und sagen: ‚Du, Maxim, das finde ich aber nicht okay, was du gerade getan hast.' Das ist hier nicht mehr deine Schickimicki-Wohngegend."

„Ja, Mann", bestätigte Anton. „Mit Maxim willst du keinen Stress. Der Typ ist gefährlich." Wie aufs Stichwort holte Maxim aus seinem Rucksack ein Messer raus.

„Er ist bewaffnet!", rief Isha und nahm Deckung unter dem Kiosktisch.

„Spinnst du?“, flüsterte ihr Mesut zu. „Nicht so laut. Ich hab doch gesagt, dass der Typ gefährlich ist.“

„Das ist doch nur ein Allzwecktaschenmesser“, meinte Anton. „Bestimmt holt er damit die Sim-Karte raus. Dann kann niemand mehr auf dem Handy anrufen und es auch nicht orten.“

„Schaut er noch rüber?“, fragte Isha unter dem Tisch.

„Ich finde, du solltest weniger dieser True-Crime-Videos schauen, die tun dir nicht gut“, sagte Anton. „Du bist so übertrieben schreckhaft in letzter Zeit.“

„Megaschreckhaft“, bestätigte Mesut.

„Jetzt scheint er etwas in das Handy einzugeben.“ Anton überlegte: „Wie ist er überhaupt so leicht in das Handy reingekommen, hatte das Mädchen keine Bildschirmsperre? Dass die Leute aber auch keine Ahnung von Handysicherheit haben.“ Die Hochhaus-Detektive versuchten, unauffällig Maxim zu beobachten, der mit dem Handy des Mädchens beschäftigt war. „Was er wohl damit vorhat?“, überlegte Mesut.

„Verkaufen natürlich!“, sagte Isha unterm Tisch. „Für ein neues Handy kann er doch locker 50 € oder auch 100 € nehmen. Wenn er vier Handys im Monat klaut, sind das im Durchschnitt 75 x 4 = 300 € und im Jahr 3.600 €.“

„Nicht schlecht“, sagte Anton und staunte mal wieder, wie schnell Isha rechnen konnte.

„Wer weiß, was der sonst noch für krumme Dinger durchzieht“, überlegte Mesut.

„Das ist genauso wie in dem Video, das ich neulich gesehen hab. Da war so eine Jugendbande, die haben Kindern Handys abgezogen und dann weiterverkauft", erzählte Isha.

„Jetzt komm erst mal wieder unter dem Tisch vor, das ist total auffällig", sagte Mesut zu ihr.

Anton überlegte: „Ich weiß nicht, ob ich Maxim das zutraue. Er ist böse, aber so böse? Sollten wir nicht erst mal das Mädchen befragen?"

„Die ist weg", stellte Isha fest, die nun wieder auf ihrem Stuhl saß.

„Ich hab die hier noch nie gesehen", überlegte Mesut, der sich als Schachspieler extrem gut Bilder und Gesichter einprägen konnte.

„Und was sollen wir jetzt tun?", fragte Anton.

„Wir werden natürlich weiterermitteln und ihn bei seinen kriminellen Machenschaften beobachten." In Ishas Augen blitzte die alte Begeisterung auf: „Von einem Ort, wo es nicht so auffällt!"

„VOM DACH!", schrien Anton und Mesut und klatschten sich ab.

„Wir werden ihn so gangstermäßig krass observieren!", rief Mesut. Er war stolz, dass er seit ihrem letzten Fall das Fremdwort für Überwachen kannte.

„Psst, nicht so laut!", flüsterte Isha.

„Das heißt, wir haben einen neuen Fall!", freute sich Anton.

Isha knabberte an ihrem Fingernagel: „Streng genommen ist es kein Fall, sondern eine Straftat, die wir weiterverfolgen.

Aber möglicherweise könnte es ein Fall werden.“

„Streng genommen bist du eine Spaßbremse“, meinte Anton. „Genau“, sagte Mesut, und er tat so, als ob er bei Isha auf der Stirn eine Taste drücken würde.

„Was machst du da?“, wollte Isha wissen.

Mesut lächelte Isha an: „Ich habe gerade deinen Klugscheißer-Modus abgeschaltet.“ Anton quiekte vor Lachen, und selbst Isha musste über Mesuts Spruch grinsen.

Dann fragte sie: „Spürt ihr auch dieses Kribbeln in euch?“

„Sag ich doch die ganze Zeit“, lachte Anton.

„Was sagt dein linker kleiner Zeh?“, wollte Mesut wissen.

„Mein linker Zeh sagt: Okeee!“

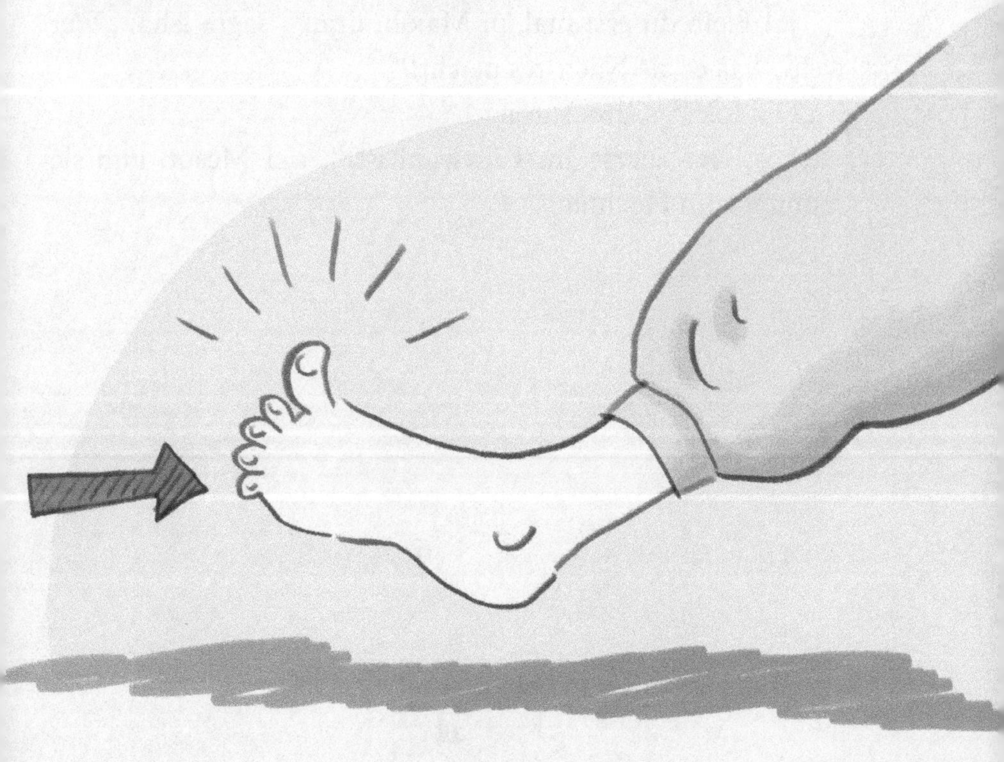

Da fiel Mesut etwas ein. Er checkte die Uhrzeit auf seinem Handy: „14 Uhr! Mist, so spät! Meine Schwestern sind krank, und ich hab Dienst."

„Ich muss auch los", sagte Isha.

„Können wir nicht sofort weiterermitteln?", fragte Anton sehnsüchtig.

„Wir treffen uns in einer Stunde im Büro", sagte Mesut. Als er Antons Blick sah, fügte er hinzu: „Komm, du holst dir bei mir das Fernglas ab und beginnst schon mal mit der Überwachung." Mesuts Angebot war eine große Ehre. Denn das Fernglas hatte Mesuts Opa Cemal gehört und war in seiner Familie eine Art Heiligtum.

„Ja! Bleib du erst mal an Maxim dran", sagte Isha. „Wer weiß, was er als Nächstes macht!"

„Okidoki", sagte Anton.

„Los, wer zuerst am Fahrstuhl ist!", rief Mesut, und sie rannten zum Hochhaus.

DER ADLER IST GELANDET

Mesut erreichte als Erster den Fahrstuhl. Er war zwar der Kleinste und Jüngste von den dreien, aber flink und zäh wie ein Terrier. Gefolgt von Isha, die keine Gnade kannte, wenn sie ein Ziel erreichen wollte. Platz drei ging an Anton, dem bereits die Schweißperlen liefen, der aber überglücklich war, dass sich HD42 wieder im Einsatz befand.

Isha weigerte sich wie immer, mit dem engen, alten Fahrstuhl zu fahren, der obendrein von oben bis unten voll mit Aufklebern und Graffitis war. Sie befürchtete jedes Mal, dass es ihre letzte Fahrt sein könnte. Lieber nahm sie die Treppen, auch wenn es 20 Stockwerke waren. Anton und Mesut nickten sich zu, und Anton drückte den Knopf.

Als sich die Tür öffnete, stand Hausmeister Kawuppke vor ihnen.

„Flottes Hemd!", begrüßte Mesut ihn. Der Hausmeister trug ein Hawaiihemd mit gewagtem Blumenmuster, in seiner Hand hielt er einen Spachtel.

Seit ihrem letzten Fall war Kawuppke ein großer Fan von HD42. Auch deshalb, weil Anton, Mesut und Isha ihm Mut gemacht hatten, den grauen Hausmeisterkittel abzulegen und zu seiner Leidenschaft für knallige Hawaiihemden zu stehen. Als Dank dafür hatte Kawuppke ihnen einen eigenen Schlüssel für die Dachtür geschenkt. Das durfte aber niemand wissen.

„Na, im Einsatz?“, fragte Kawuppke neugierig.

Anton und Mesut warfen sich einen kurzen Blick zu. Es war definitiv zu früh, dem Hausmeister von ihrem neuen Fall zu erzählen.

„Wir sind doch immer im Einsatz“, grinste Anton.

„Genau wie Sie!“, zwinkerte Mesut dem Hausmeister zu.

Kawuppke hielt seinen Spachtel hoch und seufzte: „Diese Aufkleber machen mich noch fertig!“

Seit jeher tobte im Fahrstuhl ein Stickerkrieg. Obwohl es nicht erlaubt war, befanden sich jeden Tag neue Aufkleber auf dem eh schon verkratzten Spiegel, den Innenwänden und sogar auf der Bedienungstafel. In mühevoller Kleinarbeit musste Hausmeister Kawuppke sie dann abkratzen. Heute klebte neu: „Schrottsammlung - Kaufe jeden SCHROTT“, „MAXIMaler Handyreparaturdienst“ und „SCHLÜSSELDIENST: Rund um die Uhr“.

Da entdeckte Mesut den Aufkleber „Ausländer raus“ und schnaubte: „Wo kommt denn die Scheiße schon wieder her?“ Wütend pulten Mesut und Anton den Aufkleber ab.

Im 11. Stock verabschiedeten sie sich bei Kawuppke und gingen zu Mesuts Wohnung, aus der schon von Weitem ein Riesenlärm dröhnte.

„Dann kann der Wahnsinn ja wieder losgehen“, grinste Mesut und schloss die Tür auf. Er schaffte es kaum, seine

Schuhe an der Tür ausziehen, denn sofort fielen seine Schwestern Zeynep und Alara über ihn her, hängten sich an ihn und schrien: „MESUUUUT!"

„SPIEL MIT UNS!"

„WO WARST DU?"

„Ja, genau, WO WARST DU?", schimpfte Gizem, Mesuts große Schwester. Weil Zeynep und Alara krank waren und nicht in die Kita konnten, hatte Gizem auf sie aufgepasst, bis Mesut von der Schule kam.

„Ich muss los! Das Training hat längst angefangen. Nächsten Monat ist Wettkampf. Hab alles geputzt und gebügelt", brummte Gizem. Sie war mit ihren 16 Jahren eine muskelbepackte und preisgekrönte Kampfkunstmeisterin. Sie schnappte sich ihre Sporttasche und marschierte an Anton vorbei, der automatisch zur Seite sprang.

„Ich hol dir das Fernglas!", rief Mesut Anton zu. Mühsam kämpfte er sich durch den Flur, während links und rechts an seinen Beinen seine Schwestern hingen und vor Lachen quietschten.

Während Anton am Türrahmen wartete, wunderte er sich mal wieder über Mesut. Auch wenn Anton nichts so sehr verabscheute wie die Einsamkeit in seiner leeren Wohnung, fand er es doch erstaunlich, mit welcher Geduld sein Freund den Lärm bei sich zu Hause ertrug.

Antons Blick fiel auf die Tüte mit den Comics, die er Mesut zum Lesen ausgeliehen hatte. Sie stand immer noch an der gleichen Stelle im Flur, an der sie Mesut vor einer Woche abgestellt hatte. Bestimmt war die Comic-Tüte Mesuts ordnungsliebenden Mama nur entgangen, weil sie gerade so viel arbeiten musste. Weil Mesut eine Lese-Rechtschreib-Schwäche hatte, war es wichtig, dass er regelmäßig übte. Dass er bei der Action bei ihm zu Hause nicht dazu kam, wunderte Anton jedoch nicht.

Da kam Mesut mit Opa Cemals legendärem Fernglas zurück. Bevor Opa Cemal als junger Mann aus der Türkei zum Arbeiten nach Deutschland kam, war er Bademeister am Schwarzen Meer gewesen. Unzähligen Menschen hatte er dank seines Fernglases – und natürlich dank seiner ausgezeichneten Schwimmkünste – das Leben gerettet. Ehrfürchtig nahm Anton das Fernglas entgegen.

„Ich werde gut darauf aufpassen." Dann deutete er auf die Comic-Tüte und fragte: „Sollen wir uns mal treffen und zusammen lesen?"

Sofort bekam Mesut ein schlechtes Gewissen: „Nee, lass mal. Ich schaff das schon. Lass uns lieber gleich ermitteln!"

„Wir haben HUNGERRRRRRRRR! MESUUUUUT!", schrien seine Schwestern aus dem Wohnzimmer.

„Ich mache schnell das Essen für sie warm, dann komm ich zu dir hoch aufs Dach", sagte Mesut und schloss die Tür.

Seufzend machte sich Anton auf den Weg in den 20. Stock.

Als Anton die Tür aufschloss, war es still in der Wohnung, und diese Stille hasste er. In ihr konnte er seine Einsamkeit hören und das ewige Ticken des Sekundenzeigers der Küchenuhr.

Auf den hatte er so oft gestarrt, in der Hoffnung, seine Mama würde bald nach Hause kommen. Nach der Trennung seiner Eltern im ersten Corona-Lockdown war seine Mama Steffi eine Zeit lang auf die Hilfe des Staats angewiesen. Anton hatte bemerkt, wie seine Mama sich dafür schämte. Auch er hatte das Gefühl der Scham gespürt, das sich wie eine zweite, kratzige Haut über ihn gelegt hatte. Dauernd hatte er ein schlechtes Gewissen gehabt, weil seine Mama zuerst bei den Ausgaben für sich sparte, damit Anton nicht zu kurz kam.

Schließlich hatte Steffi einen Job in einer Bäckerei gefunden. Jeden Morgen um 5:20 Uhr verließ sie nun die Wohnung und kehrte erst um 19 Uhr nach ihrem Putzjob zurück. Alleine zu Hause war Anton jede freie Minute in die Online-Welt geflüchtet und hatte gezockt, gezockt und noch mal gezockt.

Doch seit der Gründung von HD42 hatte er auf wundersame Art und Weise keine Lust mehr auf Zocken. Die Spannung echter Ermittlungsarbeit im echten Leben mit echten Freunden war einfach unschlagbar gewesen.

Deswegen ging Anton schnurstracks auf den Balkon, um zu überprüfen, was ihre Zielperson Maxim machte. Er stellte Mesuts Fernglas scharf. Was er nun sah, ließ ihn seinen Atem anhalten: Maxim stand unten auf dem Parkplatz vor einem bulligen Mann in Lederjacke. Der übergab ihm einen Geldschein und brauste dann auf seinem fetten Motorrad davon. Schnell schickte Anton seinen Kollegen in ihrer HD42-Chatgruppe eine Nachricht:

Maxim hat gerade von Keule Geld bekommen.

Sofort kam von Isha die Nachricht:

Wer ist Keule?

In einer Sprachnachricht erklärte Mesut lang und breit, dass Keule der Chef der berühmt-berüchtigten Rockerbande war, die dauernd illegale Sachen machte.

Isha antwortete:

Bestimmt hat Maxim ihm das gestohlene Handy verkauft.

Da beobachtete Anton, wie Maxim aufstand und zu seinem Hochhaus ging. Anton wanderte mit dem Blick hinüber zu Maxims Hochhaus und dessen Wohnung, die im 19. Stock lag. Wie jedes Hochhauskind wusste Anton genau, wer wo wohnte. Leider konnte er Maxims Wohnung von seinem Balkon aus nicht sehen. Aber bestimmt von ihrem Beobachtungsposten oben auf dem Dach!

Also schrieb er seinen Freunden:

Maxim geht nach Hause. Ich geh hoch. Hoffentlich sehe ich da was.

Isha antwortete:

Bleib dran!

Von Mesut kam wieder eine ausgedehnte Sprachnachricht, die inhaltlich genau das Gleiche sagte wie die von Isha, nämlich, dass Anton dranbleiben sollte.

Isha lag mit ihrem Handy auf dem Bett auf ihrer Seite des Zimmers und hatte sich mal wieder in einer Videoschleife auf YouTube Shorts verfangen. Wenn ein True-Crime-Video zu Ende war, startete gleich ein neues, noch Spannenderes. Es war Isha unmöglich, aus diesem Karussell auszusteigen. Nicht einmal für ihre geliebte HD42-Ermittlungsarbeit.

Auf der anderen Seite des Zimmers hing Swati auf ihrer Schlafcouch ab, hörte übertrieben laut Musik und übte dabei mithilfe ihrer Selfie-Kamera, möglichst verächtlich ihre linke Augenbraue hochzuziehen.

Durch die Wand ihres Zimmers hörte Isha ihre Eltern in der Küche streiten. „WARUM HAST DU DEINER MUTTER DEN BESUCH NICHT AUSGEREDET???“, schrie Ishas Mama Sindhu.

„ICH HAB MEINE MUTTER SEIT CORONA NICHT MEHR GESEHEN, DA WERDE ICH IHR SICHERLICH NICHT IHREN BESUCH AUSREDEN!“, schrie ihr Papa Dinesh zurück.

Isha seufzte: „Immer müssen sie streiten.“

Swati machte ein verächtliches Geräusch und sagte: „Ich weiß nicht, warum Papa sich so anstellt. Ist doch super, wenn wir für zwei Wochen bei Onkel in seiner Villa wohnen. Dann sind wir mal raus aus dem Assi-Palast hier.“

Onkel Kishan war der ältere Bruder von Ishas Papa und Chefarzt im Krankenhaus. Er hatte Ishas Papa den Job als Koch in der Krankenhauskantine besorgt, wo Dinesh jetzt statt seiner köstlichen Masala-Currys Kartoffeln schälen und Brokkolipampe kochen musste.

Damit ihre Schwiegermutter nicht erfuhr, wo sie jetzt wohnten, hatte ihre Mama die Idee gehabt, dass sie alle für die Dauer von Oma Dinkys Besuch bei Onkel Kishan und seiner Familie wohnten. Mit der offiziellen Begründung, dass ihre Wohnung gerade renoviert wurde, sodass ihre Schwiegermutter auf keinen Fall einen Fuß in das Hochhaus setzen würde. Manchmal wunderte sich Isha über ihre Mama, was für verrückte Ideen sie immer hatte.

Unterdessen war Anton oben auf dem Dach in ihrem Beobachtungsposten angekommen, dem höchsten Punkt des Hauses, von dem sie einmal in alle vier Himmelsrichtungen

schauen konnten. Er stellte das Fernglas scharf und suchte das gegenüberliegende Hochhaus nach Maxims Wohnung ab: BINGO! Er hatte freie Sicht und sah sowohl durch die Fenster in das Wohnzimmer als auch in die Küche, wo Maxims Mama gerade am Herd kochte.

Neben dem Wohnzimmer lag noch ein weiteres Zimmer, bei dem jedoch ein rabenschwarzer Vorhang zugezogen war. Das war bestimmt Maxims Zimmer – wer kam sonst auf die Idee, sich einen schwarzen Vorhang vor sein Fenster zu hängen?

Da entdeckte er, wie Maxim die Wohnung betrat und von seiner Mama begrüßt wurde. Er schrieb seinen Kollegen:

Der Adler ist gelandet.

Mesut schickte eine ewig lange Audio, in der er fragte, welcher Adler gelandet wäre.

Sofort kam von Isha die Erklärung:

Das ist Spionsprache. Weiß doch jeder.
Was macht Maxim jetzt?

Anton schrieb zurück:

Seine Mama hat ihm gerade das Essen auf den Tisch gestellt. Mmmh, sieht lecker aus. Wann kommt ihr? Und könnt ihr mir was zum Essen mitbringen?

Mesut schickte daraufhin eine weitere, superlange Sprachnachricht, dass er quasi unterwegs sei, nur noch das Geschirr waschen, seinen Schwestern eine neue Schüssel Snacks vor den Fernseher stellen musste und Anton eine weitere Schüssel Snacks mitbringen werde.

Isha schob kurz die Kopfhörer von den Ohren, um zu hören, an welchem Punkt sich der Elternstreit in der Küche befand. Sie hörte ihre Ma schluchzen: „Alles nur, weil ich dich damals überredet habe, das Restaurant zu eröffnen."

Daraufhin antwortete ihr Papa mit sanfter Stimme: „Und dafür liebe ich dich. Denn sonst würde ich immer noch als ein unglücklicher Ingenieur arbeiten."

Jetzt sagte Ishas Ma: „Dann lass uns, solange deine Mutter da ist, bei deinem Bruder wohnen."

„Aber so lügen wir ja schon wieder! Das erzeugt nur weitere Lügen", rief Ishas Papa. Und schon ging der Streit von vorne los.

Da klingelte Ishas Handy. Es war Anton: „Wo bleibst du? Mesut ist längst hier."

„Was macht Maxim?", wollte Isha wissen.

„Mesut sagt: Er geht rüber in das Zimmer mit dem schwarzen Vorhang. Jetzt wird es spannend!" Isha gab sich einen Ruck.

„Okay, ich komm hoch." Sie war eine Detektivin und wurde gebraucht! Isha steckte ihr Handy ein und rannte hoch aufs Dach.

EIN SCHRANK VOLLER HANDYS

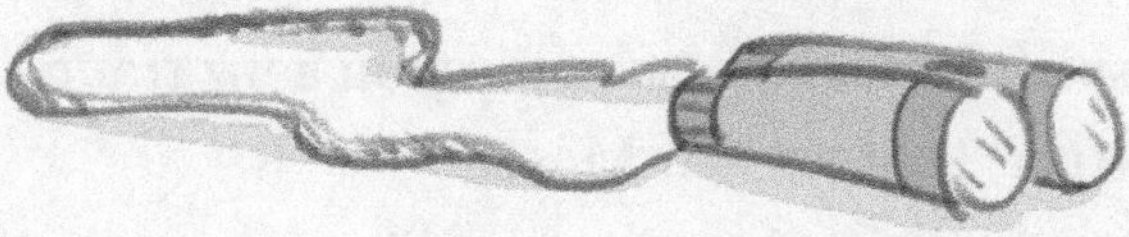

Als Isha ins Detektivbüro kam, war Anton gerade dabei, aus einer umgedrehten Colaflasche einen Fernglas-Halter für Mesut zu bauen. Schließlich entwickelte sich die Überwachung von Maxim zu einem langfristigen Projekt.

Das Detektivbüro von HD42 lag an der Stelle, wo die Hauswand einen Knick machte. Darüber war noch eine Ebene höher, von der die zwei gigantischen Fernsehantennen herunterragten. An denen hatte Anton eine Plane hinuntergespannt, sodass ihr Detektivbüro bei Wind und Wetter geschützt war. Von Deniz hatte Anton zwei Plastikstühle organisiert, zusammen hatten sie ein altes, schwarzes Ledersofa vom Müllplatz hochgeschleppt, und ein umgedrehtes Bücherregal diente ihnen als Tisch.

„Da bist du ja endlich!“, begrüßte Anton Isha.

„Hab ich was verpasst? Was macht Maxim?“

„Er ist in seinem Zimmer, hat aber noch nicht den Vorhang aufgemacht, oder Mesut?“, fragte Anton nach oben zu ihrem Beobachtungsposten neben den Fernsehantennen. Dort saß Mesut in dem grünen Sitzsack, den Anton auf dem Müllplatz gefunden und repariert hatte, und tippte auf seinem Handy.

„Verdammt: Bist du schon wieder am Zocken? Du sollst Maxim observieren!“

„Ich hab schon ganz viel Bonus verloren, weil ich so lange nicht gespielt habe. Tiffy schaut schon ganz traurig. Ich krieg richtig Ärger“, sorgte sich Mesut.

„Du kriegst gleich Ärger mit mir!“, rief Anton und stöhnte: „Einmal mit Profis arbeiten.“

„Ich bin ein Profi“, sagte Mesut beleidigt, legte sein Handy weg und schaute nach, was Maxim machte: „Gerade kommt Maxims Papa nach Hause ... Oh-oh, der ist ja übel drauf.“

„Was macht er?“ Neugierig kletterten Isha und Anton die Feuerleiter zu Mesut hoch und setzten sich zu ihm auf den Sitzsack.

Der berichtete: „Er schreit die ganze Zeit rum ... Maxim kommt aus seinem Zimmer. Seine Mama gibt ihm ein Zeichen, dass er wieder zurückgehen soll ... Jetzt holt sie dem Vater schnell das Essen ... Nee, oder? Er hält ihr seine Füße hin. Sie muss ihm die Hausschuhe anziehen!“

„Jeder weiß, dass Maxims Vater eine Arschgeige ist“, sagte Anton.

„Russen, das sind echt die Schlimmsten“, stellte Mesut fest.

Isha nahm Mesut das Fernglas aus der Hand und sah ihn streng an: „Wie kannst du so etwas sagen? Nur weil Maxims Vater blöd ist, gilt das doch nicht für alle Russen. Das ist voreingenommen! Und diskriminierend! Genau das hat doch die Polizei mit deinem Bruder im Sommer gemacht. Wir müssen als Detektive neutral und unvoreingenommen sein.“

„Ja, Frau Klugscheißerin", meinte Mesut. „Dir ist nicht klar, was für einen Ruf Maxims Vater hat."

„Trotzdem!", erwiderte Isha. Sie stellte das Fernglas scharf, um sich selbst ein Bild von Maxims Vater zu machen. Dann sagte sie: „Kein Wunder, dass Maxim so ist, wie er ist. Jetzt tut er mir fast leid."

„Mir tut er leid", murmelte Anton. Isha betrachtete Anton verwundert.

„Trotzdem kein Grund, anderen das Handy wegzunehmen."

„Außerdem –", trumpfte Mesut auf, „– hab ich mal gehört, dass Maxim auf einem Kindergeburtstag einen Goldfisch geklaut hat! Aus dem Aquarium!"

„Woohoo, voll der Gangster: Merkste selber, Mesut", spottete Isha.

„Hey, das ist mein Spruch!", schimpfte Mesut.

Da entdeckte Isha: „Leute, es ist so weit: Maxim öffnet seine Vorhänge. Endlich!"

Und zack – hatte Mesut Isha das Fernglas aus der Hand genommen, denn das wollte er selbst sehen: „Wie sieht es denn bei dem im Zimmer aus! Voll das Chaos … Was sind das für komische Poster an der Wand? Was steht da?" Mesut fiel es schwer, den Text zu lesen. „Egal. Boah, wie viele Computer stehen hier rum. Meint ihr, der dealt damit auch? Die sehen aber voll alt aus … Okay, jetzt wird es spannend: Maxim steht vor so einem grauen Blechschrank und schließt ihn auf … DIGGA, DER SCHRANK IST BIS OBEN HIN VOLL

MIT HANDYS! Das gibt es doch nicht: Der hat ja ein ganzes Handy-Imperium."

„Zeig!", bettelte Anton.

„Erst noch mal ich", sagte Isha und sicherte sich das Fernglas. „Krass: Der Schrank ist wirklich bis obenhin voll mit Handys. Wie viele Kinder muss er schon beklaut haben?"

„Gib mein Fernglas her", verlangte Mesut.

„Zuerst will ich noch wissen, was auf den Postern steht", sagte Isha und las vor: „Chaos Computer Club. Ja, so sieht das Zimmer bei ihm auch aus."

„Chaos Computer Club sind Legenden", erklärte Anton.

„Netzpolitik", las Isha auf dem anderen Poster. „Fight for your digital rights."

„Was soll das heißen?", fragte Mesut.

Isha, die fließend Englisch konnte, übersetzte: „Wir sollen für unsere Rechte im Internet kämpfen."

„Netzpolitik sind auch Internetlegenden."

„Woher weißt du das?", fragte Isha.

„Von denen hab ich auch schon die ein oder andere Sache gelernt, zum Beispiel zum Thema HANDYSICHERHEIT", sagte Anton mit einem strengen Blick zu seinen Freunden.

„Oh nein, Anton will uns wieder zu Handysicherheit zuschwallen", lachte Mesut, nahm Isha das Fernglas aus der Hand und beobachtete weiter: „Leute, haltet euch fest: In dem Blechschrank steht ein Tresor! So ein Kleiner. Maxim macht gerade die Tresortür auf … Und tut irgendwas rein, ist das Geld? Ich kann es nicht richtig erkennen."

„Bestimmt das Geld, was er von Keule bekommen hat“, rief Anton.

„Der Typ ist ein richtiger Gangster“, meinte Isha.

„Gib mir auch mal das Fernglas!“, bettelte Anton. Doch unter diesen Umständen konnte Mesut unmöglich das Fernglas abgeben.

Stattdessen berichtete er: „Da klebt so ein Aufkleber auf der Tresortür. Den hab ich irgendwo schon mal gesehen. Was steht da drauf? … Mist, jetzt hat er die Tür wieder zugemacht.“ Frustriert, weil er nicht so schnell im Lesen war, ließ Mesut das Fernglas sinken.

„Was macht er jetzt?“, wollte Anton wissen.

Mesut nahm das Fernglas wieder auf: „Er hat sich an seinen Schreibtisch gesetzt und hackt wie irre auf seinen Laptop ein.“

„Okay. Bleib dran, Mesut“, meinte Anton.

„Nee, ich brauch mal ’ne Pause. Hier hast du das Fernglas.“ Mesut ließ sich in den Sitzsack fallen und holte sein Handy raus.

„Nicht dein Ernst“, stöhnte Anton. „Wir sind mitten in einer Observierung!“

Isha nutzte die Gelegenheit, setzte sich neben Mesut auf den Sitzsack und zog ebenso ihr Handy aus der Jackentasche.

„Du auch?“, empörte sich Anton. „So arbeiten doch keine Profis!“

Seine Freunde reagierten nicht, weil sie schon wieder auf ihre Handys starrten.

Anton gab nicht auf: „Lasst uns lieber noch mal eine Runde Yoga machen, so wie in guten, alten Zeiten. Das schärft unsere Konzentration." Isha hatte den Jungs in den Sommerferien ein paar abgedrehte Yoga-Stellungen beigebracht. Isha und Mesut lächelten müde.

„Lass mal stecken", sagte Mesut. „Ich muss dringend 'ne Runde entspannen."

Anton starrte wütend auf Mesuts Handy: „Sag mal, sehe ich das richtig: Hast du immer noch keine Bildschirmsperre eingerichtet?"

„OMG, wie kannst du dich darüber so aufregen?"

„Wenn Maxim dein Handy klauen würde, käme er sofort in dein Handy rein."

„Und?"

„Dann hat er Zugang zu all deinen Daten."

„Welche Daten?"

„Na, deine Fotos, Nachrichten, alles, wo du dich angemeldet hast, er sieht, mit wem du befreundet bist, kurz: Er weiß alles von dir."

„Egal, ich hab nix zu verbergen."

„Das sagen sie alle", seufzte Anton. „Wenn ein Verbrecher Zugang zu deinen Daten hat, kann er so tun, als ob er du bist. Dann kann er in deinem Namen illegale Sachen im Internet machen."

„Krass", meinte Isha, die nur mit halbem Ohr zugehört hatte.

„Habt ihr noch nie von Identitätsdiebstahl gehört?"

„Wessen Ente wird gestohlen?“, fragte Mesut.

„Iden-ti-tät“, erklärte Isha, die jedes Fremdwort kannte. „Das bist du, also dein Name, Wohnort, Familie, Alter.“

„Identitätsdiebstahl ist ein Riesenproblem im Internet“, erklärte Anton. „Die Polizei hat gerade gemeldet, dass jeder dritte Erwachsene schon mal davon betroffen war. Trotzdem sichern die Leute ihre Handys und Computer nicht ab. Und verteilen ihre Daten im Netz, als ob sie Bonbons von einem Karnevalwagen werfen würden.“

„Wird schon nichts passieren“, meinte Mesut, der nur mit dem halben Ohr zugehört hatte.

Anton fragte Isha: „Hast du wenigstens dein Handy gesichert?“

Isha schaute konzentriert ihr Video und murmelte: „Ich hab so ein Muster, was ich mit dem Finger auf dem Bildschirm wische.“

„Ach so: Und wischst du danach deinen Bildschirm sauber?“

„Äh, nein? Warum?“

„Dass ich dir das erklären muss!“, stöhnte Anton. „Weil man anhand der Spur deiner Fingerabdrücke auf dem Bildschirm doch sehen kann, welches Muster du gewischt hast, du Dussel. Deswegen musst du danach immer deinen Bildschirm abwischen. Selbst Gesichtserkennung ist nicht 100 % sicher. Am sichersten ist ein Passwort, das du selbst festlegst.“

Aber Isha und Mesut hörten schon lange nicht mehr zu. Entnervt warf Anton seine Hände gen Himmel und rief: „Es ist echt zum Mäusemelken mit euch!“

„Süß! Melkende Mäuse. Gibt es davon ein Video?", fragte Mesut, ohne hochzuschauen.

„Das würde ich auch gerne sehen", sagte Isha.

„Argh, ihr macht mich noch fertig!", stöhnte Anton.

Er schnappte sich Mesuts Fernglas und fuhr mit der Überwachung fort.

Da sah er: „Kollegen: Maxim läuft aufgeregt in seinem Zimmer umher … Er telefoniert … Jetzt geht er zum Blechschrank und holt ein Handy raus … Er packt es in seinen Rucksack … Was hat er vor?"

„Bestimmt was Illegales!", rief Isha, die sofort ihr Handy weggelegt hatte und neben Anton stand.

Auch Mesut war nun wieder am Start und ließ sich von Anton sein Fernglas geben, um selbst zu beobachten: „Er verlässt die Wohnung. Jetzt wird es spannend. Mal sehen, was passiert, wenn er gleich unten im Hof auftaucht."

Die Hochhaus-Detektive gingen zum Rand des Hochhauses, um besser sehen zu können. Da klingelte Ishas Handy. Vor lauter Schreck ließ sie es beinahe fallen.

Mesut bekam einen Lachanfall: „Stell dir vor, Isha: Mit einem Handy kannst du auch angerufen werden!"

„Mensch, Isha, was ist mit dir los?", fragte Anton ernst.

„Ich muss zugegeben, ich bin etwas schreckhaft in letzter Zeit", sagte Isha und schaute nach, wer da anrief: „Swati. Das kann nichts Gutes bedeuten."

Tatsächlich fauchte Swati Isha durch das Handy an, wo sie stecken würde, alle würden auf sie warten. Oma Dinkys

Flugzeug lande gleich am Flughafen. Isha solle sofort hinunter zu Onkel Kishan ins Auto kommen.

„NEEEEIN!", riefen Mesut und Anton gleichzeitig.

„Immer, wenn wir mitten in einer Ermittlung sind, musst du los", stöhnte Anton.

„Das muss an meinem Karma liegen", seufzte Isha, während sie schnell die Feuerleiter hinunterkletterte.

„Was ist noch mal Karma?", rief Mesut ihr hinterher.

„Die Aufgaben, die du in diesem Leben zu lösen hast. Oder im nächsten Leben", rief Isha und rannte zur Dachtür.

„Verstehst du das?", fragte Mesut Anton. Der schüttelte den Kopf.

Zum Abschied rief Isha ihren Kollegen zu: „Und haltet mich über jeden Schritt eurer Ermittlungen auf dem Laufenden!"

„Geht klar!", sagte Anton, nahm das Fernglas wieder hoch und suchte nach Maxim: „Da steht er. Los: Wir gehen runter in den Hof und heften uns an seine Fersen."

Während sich Isha mit ihren Eltern, Swati und Amal in das Auto ihres Onkels Kishan presste, lauerten Anton und Mesut platt gedrückt an der Mauer ihres Hochhauses auf Maxim.

Konzentriert starrten die beiden verbliebenen HD42-Detektive auf den Eingangsbereich von Maxims Haus.

Da kam ihre Zielperson endlich!

Zielstrebig steuerte Maxim den Kiosk an. Auf Zehenspitzen schlichen ihm Anton und Mesut im Schutz des großen Hochhausschattens hinterher.

Am späten Freitagnachmittag war am Kiosk immer die Hölle los. Besonders jetzt am Monatsanfang, wenn das Geld bei den meisten noch nicht knapp war. Maxim ging schnurstracks zur Kiosktheke und kaufte sich eine Cola.

„Kein Wunder, dass der immer Geld auf Tasche hat“, stellte Mesut neidisch fest.

„Ja, ich würde jetzt auch gern eine Cola trinken“, träumte Anton.

Maxim ließ den Blick einmal über den Außenbereich des Kiosks schweifen und sah dabei auch in die Richtung der beiden Hochhaus-Detektive. Schnell versuchten sich Anton und Mesut hinter einem Laternenmast zu verstecken. Als sie merkten, dass der Mast viel zu schmal für sie war, lehnten sie sich betont lässig dagegen und taten so, als ob sie sich angeregt unterhalten würden. Gleichzeitig beobachteten sie aus ihren Augenwinkeln Maxim, der mit der Cola in der Hand an einem der Kiosktische Platz nahm.

„Er checkt dauernd sein Handy und sieht sich um“, sagte Anton möglichst unauffällig. „Sieht aus, als ob er auf jemanden warten würde.“

„Schau mal, da kommt Keule wieder!“, rief Anton und zeigte auf den Motorradfahrer, der sich dem Kiosk näherte.

„Der will bestimmt wieder neue Ware kaufen. Er setzt sich zu Maxim an den Tisch. Los, wir müssen näher dran. Neben ihnen ist ein Platz frei“, rief Mesut.

„Wir können uns doch da nicht einfach so hinsetzen, das ist doch viel zu auffällig“, meinte Anton.

„Wir gehen einfach zum Kiosk und kaufen was. Dann setzen wir uns neben sie."

„Hast du Geld?"

„Nö." Mesut überlegte. „Vielleicht leiht uns Deniz ja was?"

Die zwei Hochhaus-Detektive schlenderten langsam zum Kiosk. Dabei ließen sie Maxim und Keule, die miteinander sprachen, keine Sekunde aus den Augen.

An der Theke angekommen hatte Deniz wenig Zeit für Anton und Mesut, weil er ein Bier nach dem anderen herausgeben musste.

Mesut nutzte trotzdem die Gelegenheit, den Kioskbesitzer auszufragen: „Sag mal: Weißt du, ob Maxim was mit Handys am Laufen hat?"

Deniz überlegte: „Hm. Ich seh ihn auf jeden Fall ständig mit Handys. Scheint sich gut auszukennen damit."

„Kein Wunder", murmelte Mesut.

Hinter ihnen wollten bereits die nächsten Leute bestellen. Deswegen sagte Deniz: „Ich muss weitermachen, hier ist gerade Hochsaison. Wollt ihr noch was kaufen?"

Anton und Mesut sahen Deniz mit ihrem traurigsten Dackelblick an, den sie draufhatten. Der Kioskbesitzer seufzte.

„Aber ihr müsst euch eine Cola teilen."

Mesut und Anton nickten heftig und strahlten. Mesut nahm die Flasche entgegen, trank einen großen Schluck und sagte: „Komm, wir setzen uns neben sie."

Genau in dem Moment, als sie den Tisch ansteuerten, sahen sie, wie Keule einen weiteren Geldschein hinüberschob.

Maxim legte im Gegenzug ein Edel-Handy auf den Tisch, das der Rocker sofort einsteckte. Dann standen beide auf und gingen in verschiedene Richtungen auseinander.

„Hast du das gesehen?“, flüsterte Anton Mesut zu.

„Ich bin ja nicht blind“, flüsterte der zurück und nahm bereits den dritten Schluck aus der Colaflasche. „Wir haben ihn auf frischer Tat ertappt. Blöd, dass wir es nicht gefilmt haben.“

„Das war eindeutig eine Straftat.“

„Wir müssen die Verfolgung aufnehmen.“

„Vorher lässt du mich aber auch noch mal von der Cola trinken!“, bat Anton. Mesut hielt die Flasche hoch.

„Schon leer. Tut mir leid. Jetzt komm: Maxim ist schon am Parkplatz. Vielleicht macht er gleich noch was Illegales!“ Mit diesen Worten flitzte Mesut los. Anton rannte ihm hinterher.

Maxim ging zwischen den parkenden Autos hindurch. Die zwei Hochhaus-Detektive huschten von einem Auto zum nächsten und hielten dabei Ausschau nach Maxim.

„Er geht zum Käfig!“, flüsterte Mesut.

Der Käfig war ein eingezäunter Basketballplatz – oder das, was davon übrig geblieben war. Schlingpflanzen hatten die Einzäunung fast vollkommen zugewuchert, überall lag Müll. Vor dem Eingang stand eine Tischtennisplatte aus Beton, die von oben bis unten vollgetaggt war und aussah, als ob sie lange nicht mehr bespielt worden war. Maxim sprang aus dem Stand auf die Platte und setzte sich hin. Er schaute sich um und holte aus seinem Rucksack ein teuer aussehendes Smartphone heraus.

Mesut und Anton rannten hinüber zu dem kleinen Stromhäuschen, das schon wieder ein neues Graffiti trug, als ob es jeden Tag seine Kleider wechseln würde. Langsam schlichen sie an der bunten Häuserwand möglichst nah heran. Maxim hatte gerade sein eigenes Handy herausgeholt und rief jemanden an. Um zu hören, was er sagte, wagten sich die beiden Hochhaus-Detektive noch etwas näher.

„Ich bin am Übergabeort. Wo bist du? Ich hab nicht ewig Zeit“, sagte Maxim unwirsch. „Bis morgen muss ich noch einen Schwung Handys klarmachen.“ Mesut holte sein Smartphone raus und startete die Videokamera.

„Was hast du vor?“, fragte Anton.

„Diesmal besorg ich uns Beweismaterial.“

Plötzlich sprang Maxim auf und verschwand mit seinem Rucksack im Gebüsch hinter der Tischtennisplatte.

„Mist. Wo geht er hin?“, fragte Anton.

„Vielleicht muss er mal?“

„Er hat doch nicht etwa Verdacht ge–“

Da kamen von hinten zwei Hände. Sie griffen nach Anton und Mesut und hielten sie fest: „WAS MACHT IHR HIER?“

Es war Maxim. Die zwei Hochhaus-Detektive bekamen einen halben Herzinfarkt.

„HABT IHR MICH GERADE GEFILMT? HABT IHR SIE NOCH ALLE?“

„Wir ... wir ... wollten nur ... “, versuchte Anton sich herauszureden.

„Eine Runde Fangen spielen ... Mit unseren Freunden ... “, sagte Mesut, der ein Meister der schnellen Ausrede war. „Und dazu kundschaften wir gute Verstecke aus. Hier, schau:“ Mesut schwenkte seine Handykamera hin und her, als ob er etwas auskundschaften würde.

Maxim grunzte vor Lachen und ließ sie los.

„Fangen spielen. Ihr seid so zwei Lutscher. Löscht sofort das Video und zieht Leine.“ Unter Maxims strenger Aufsicht löschte Mesut das Video auf seinem Handy. „So, und jetzt heim zu eurer Mama in die Heia. Ist gleich Schlafenszeit", knurrte Maxim.

So schnell sie konnten, machten sich Anton und Mesut aus dem Staub.

Kaum waren sie außer Hörweite, riefen sie beide: „SCHEISSE!"

„Meinst du, er weiß es?", fragte Mesut.

„Ich bin mir nicht sicher."

„Was machen wir jetzt?"

„Nix wie weg."

Da sah Mesut, wie seine Mama Necla auf dem Balkon stand und mit dem Finger auf ihn deutete.

„Oh-oh, das sieht nach Ärger aus", sagte Mesut.

Im nächsten Moment brüllte Necla: „DU SETZT DEINE KRANKEN SCHWESTERN VIER STUNDEN LANG VOR DEN FERNSEHER?"

Mesut winkte freundlich zurück und flüsterte Anton zu: „Lass uns später mit Isha facetimen, wie wir weiter vorgehen. Ich muss jetzt nach Hause." Dann raste er wie von einer Hornisse gestochen zurück ins Hochhaus.

Plötzlich stand Anton ganz alleine da.

Er seufzte und schaute nach, wie spät es war: 18.00 Uhr. Seine Mama kam erst in einer Stunde nach Hause. Die Zeit dahin konnte er nutzen, um den Wochenendeinkauf zu erledigen. Er checkte auf seinem Handy die Einkaufsliste, die ihm seine Mom geschickt hatte. Anton stellte fest, dass sie schon wieder auf ihr Lieblingsessen verzichtete. Er beschloss, ihr trotzdem ihren geliebten Stracciatella-Joghurt zu kaufen.

Anton kam an der Grünfläche neben dem Parkplatz vorbei. Auf ihr spielte ein Vater mit seinem kleinen Sohn Fußball. Er musste an seinen Papa Tom denken, der auch immer mit ihm kicken wollte, dabei hatte Anton fast nie den Ball getroffen. Das kommt schon noch, hatte sein Papa ihn motiviert. Anton spürte, wie eine Welle der Traurigkeit in ihm hochkam und sein Herz umschloss. Er hatte seinen Papa seit letztem Weihnachten nicht mehr gesehen, weil Tom ständig mit seinem Lkw unterwegs war. Es kam höchstens mal eine Nachricht von unterwegs. Ob er daran dachte, dass Anton bald Geburtstag hatte?

Anton holte sein Handy heraus und schrieb ihm eine Nachricht:

Hallo Paps, wo bist du?
Ich vermisse dich.

Dann schlurfte er zum Supermarkt.

NUR ÜBER MEINE LEICHE!

Abends machten die Hochhaus-Detektive einen Facetime-Gruppenanruf auf ihren Smartphones: Anton saß an seinem Schreibtisch und winkte Mesut zu, der in seinem Zimmer lag, das er sich mit seinem Bruder Firat teilte. Isha schaltete sich aus der Villa ihres Onkels vor einem glänzend weißen Fliesen-Hintergrund ein.

Zwischen ihren Augenbrauen trug sie einen roten Punkt mit einem Glitzerstein. Mesut kicherte: „Was hast du denn da auf deiner Stirn?“

„Das ist ein Bindi, du Trottel“, sagte Isha. „Hat mir meine Oma aus Indien mitgebracht.“

„Cool, wozu ist das?“, fragte Anton.

„Das öffnet mein drittes Auge.“

„Welches Auge?“, fragte Mesut und fühlte sofort seine Stirn ab, ob er dort auch ein weiteres Auge hatte. Anton staunte nur. Er fand es immer wieder unglaublich, mit was für einer Selbstverständlichkeit seine Freundin über Dinge redete, von denen er noch nie gehört hatte.

„Hat sie dir noch was mitgebracht?“, wollte Mesut wissen.

„Natürlich. Geschenke sind für eine indische Großmutter ein Muss: Sie hat mir superviele Bangles mitgebracht, schaut hier." Isha hielt ihre Arme hoch, an denen links und rechts goldene Armreifen glänzten. „Außerdem für mich, Swati, Charu und meine Ma ein Sari-Kleid, für meinen Papa jede Menge Gewürze und die Original-Tikka-Masala-Mischung von Omas Schwester aus Vrindavan. Dann zwei Säcke Reis –"

„Sie hat Reis mitgebracht?", fragte Anton ungläubig.

„Ja, den guten Reis aus Mama India. Nicht den billigen Kochbeutelreis, den es hier gibt. Den hat mein Papa uns verboten. Dann hat sie noch jedem Enkel 50 € in die Hand gedrückt –"

„50 €?", staunte Mesut.

„Ich wünschte, ich hätte auch eine Oma in Indien", seufzte Anton.

Isha fuhr fort: „Und natürlich Süßigkeiten ohne Ende."

„Schmecken die anders als unsere?", interessierte sich Anton.

„Indische Süßigkeiten sind zehnmal süßer als deutsche", erklärte Isha.

„Ernsthaft?", fragte Anton.

„Pffh", machte Mesut verächtlich. „Dann hast du wohl noch nie türkische Süßigkeiten gegessen, Schätzchen. Türkische Süßigkeiten sind die süßesten überhaupt!"

„Hallo? Indische Süßigkeiten werden noch mal extra in Zuckerwasser getaucht!", empörte sich Isha.

Mesut verdrehte die Augen und wollte gerade weiterstreiten, da sagte Anton: „Einigen wird uns darauf, dass es voll fies ist, dass ich solche Süßigkeiten nicht kenne. Bringt mir gefälligst zum nächsten Treffen welche mit!“ Isha und Mesut mussten lachen und hielten ihre Daumen hoch.

Eine Wasserspülung rauschte.

„Was war das?“, fragte Mesut misstrauisch.

Isha grinste.

„Du bist doch nicht auf dem Klo?“, fragte Mesut schockiert.

„Das ist der einzige Ort hier, an dem ich ungestört sprechen kann.“

„Aber hast du gerade auch – ich will's gar nicht wissen!“, rief Mesut.

„Jetzt hab dich nicht so“, meinte Isha. „Oder glaubst du, Mädchen müssten keine großen Geschäfte verrichten.“

Mesut machte Würggeräusche, und Anton rief: „KEINE WEITEREN DETAILS, ISHA!“

Isha lachte. Sie liebte es, ihre Kollegen zu schocken.

Um schnell vom Thema abzulenken, berichtete Anton, was ihre Ermittlungen ergeben hatten: von der beobachteten Handy-gegen-Geld-Übergabe mit Keule am Kiosk, wie sie Maxim zum Basketballkäfig gefolgt waren und wie er plötzlich hinter ihnen gestanden hatte. Während Anton redete, schielte Isha die ganze Zeit woandershin.

„Das Blöde ist“, fuhr Anton fort, „wir sind uns nicht sicher, ob Maxim weiß, dass wir gegen ihn ermitteln.“

„WAS?“ Plötzlich war Isha sehr aufgeregt: „Maxim weiß Bescheid?“

Wütend fragte Anton: „Sag mal, hörst du überhaupt zu oder schaust du schon wieder die ganze Zeit True-Crime-Videos?“ Isha lächelte ertappt.

„Boah, Isha“, stöhnte Mesut. „Langsam reicht es selbst mir.“

Isha klappte das Tablet zu, das sie sich von ihrem Onkel ausgeliehen hatte, und tat, als ob sie irre konzentriert war: „Okay, Kollegen. Wie gehen wir jetzt weiter vor?“

Anton und Mesut schauten sie genervt an.

Selbstbewusst, wie Isha war, ließ sie sich davon nicht beirren, sondern sagte profimäßig: „Lasst uns eine kurze Bestandsaufnahme machen. Was wissen wir bislang, was vermuten wir: Was macht Maxim mit den Handys?“

Anton antwortete: „Er stiehlt sie und verkauft sie weiter.“

„Reicht das, um zur Polizei zu gehen?“, fragte Isha.

„Abgesehen davon, dass uns Maxim killen würde, wenn wir zur Polizei gehen würden –“, bemerkte Mesut, „– haben wir nichts gegen Maxim in der Hand“, beendete Anton den Satz.

„Wir müssen irgendwie an den Blechschrank dran. Da liegen unsere Beweise“, sagte Isha.

„Am besten wäre es, wenn wir ihn noch mal auf frischer Tat ertappen“, stellte Mesut fest.

Anton überlegte: „Wir könnten doch einen Köder auslegen. Ein Handy, auf das ich vorher eine Überwachungssoftware geladen habe. Das legen wir auf einen der Kiosktische. Dann müssen wir nur noch warten, bis Maxim das Handy klaut. Mit der Überwachungs-APP kann ich mich von meinem Handy aus in das Köderhandy einklinken."

„So was geht technisch?", fragte Isha begeistert. Anton nickte.

„Ich kann sogar von meinem Handy aus einen Film machen. Dann haben wir Beweismittel."

Auch Mesut war hin und weg von Antons Plan: „Du hast es einfach drauf!" Der freute sich und fragte: „Okay, wessen Handy nehmen wir?"

Plötzlich war die Begeisterung aus Ishas und Mesuts Gesichtern verschwunden. Keiner sagte einen Ton.

Anton fragte erneut: „Wer von euch beiden gibt sein Handy als Köder her?"

„Nur über meine Leiche", sagte Mesut.

„Zombieleiche. Auf keinen Fall gebe ich mein Handy her", meinte Isha.

„Kollegen!", stöhnte Anton.

„Gib du doch dein Handy her", sagte Mesut zu Anton.

„Mein Handy können wir nicht nehmen, denn da ist doch die Überwachungs-APP drauf", erklärte Anton. Weil aber keiner seiner Kollegen bereit war, das Handy zu opfern, seufzte er: „Dann halt nicht. So kommen wir auf jeden Fall nicht weiter. Dann wird Maxim weiter unschuldigen Kindern ihr Handy abziehen."

„Wir überlegen morgen weiter, okay?", fragte Mesut.

„Wann kommst du zurück ins Hochhaus, Isha?“

Traurig sagte die: „Meine Ma plant, dass wir für die Dauer von Oma Dinkys Besuch hierbleiben. Also 14 Tage.“

„Wie sollen wir so ermitteln?“, rief Anton entsetzt. Frustriert schlug sich Mesut die Hand vor den Kopf.

Da drückte jemand bei Isha die Türklinke hinunter, rüttelte kräftig daran und schrie: „KACKA MACHEN! ICH MUSS KACKA!“

Mesut und Anton hielten sich abwechselnd die Ohren und Augen zu. Isha grinste, schloss die Tür auf und drückte sich an ihrem Bruder Amal vorbei. Dann fragte sie ihre Kollegen: „Wollt ihr noch euren größten Fan aus Uttar Pradesh kennenlernen?“

Anton nickte neugierig, und Mesut sagte lässig: „Für meine Fans habe ich immer Zeit.“

Isha ging mit ihrem Handy durch einen langen Gang, der in einem riesigen Wohnbereich mündete.

„Wie reich ist bitte dein Onkel?“, fragte Mesut erstaunt.

Da schob sich der Kopf einer älteren Frau

ins Bild, die ein elegantes Kleid trug. Sie hatte die gleichen durchdringenden, schwarzen Augen wie Isha und sah ihr auch sonst sehr ähnlich.

„Oh mein Gott, das ist sie!“, rief Anton.

„Die legendäre Oma Dinky!“, Mesut klatschte in die Hände.

Oma Dinky sagte etwas in einer Sprache, die Anton und Mesut nicht verstanden.

Isha übersetzte: „Meine Oma gratuliert uns zu unserem letzten Fall. Sie freut sich, euch endlich kennenzulernen.“

„Was ist das für eine Sprache?“, fragte Anton.

„Hindi, das ist neben Englisch die offizielle Sprache in Indien.“ Oma Dinky redete weiter.

„Was sagt sie jetzt?“, wolle Mesut wissen.

Isha übersetzte: „Sie sagt: Sie freut sich für mich, dass ich zwei so nette Freunde gefunden habe, sie hatte die Hoffnung schon fast aufgegeben, dass ich mal überhaupt welche finden würde – Oma, was redest du da!“, empörte sich Isha. Während Mesut und Anton darüber lachen mussten, knabberte Isha nervös an ihrem Fingernagel. Oma Dinky sprach weiter. Es hörte sich nun ziemlich streng an.

„Was sagt sie?“, fragte Mesut.

„Sie sagt, ich wäre nervös und total unkonzentriert", stöhnte Isha. Jetzt tippte Oma Dinky mit ihrem Zeigefinger auf Ishas Brust und machte Geräusche wie ein bellender Hund.

„Sie meint, ich würde atmen wie ein Hund. Leutis, ich muss jetzt aufhören –" Isha wollte gerade auflegen, da wandte sich Oma Dinky noch einmal freundlich an Mesut und Anton. Sie gab Isha ein Zeichen, damit sie für sie übersetzte.

„Meine Oma will euch kennenlernen."

Anton und Mesut machten große Augen.

Isha übersetzte weiter: „Gleich morgen um 11 Uhr. Sie hat im Café König einen Tisch reserviert."

Oma Dinky winkte zum Abschied und ging aus dem Bild.

„Im Café König?", fragte Anton ungläubig.

„Ist deine Oma auch reich?", fragte Mesut.

„Ich weiß nicht", meinte Isha. „Ich weiß nur, dass sie auch Waltraud von der Waffel und Oma Adelheid eingeladen hat."

„Nee, oder?", sagte Mesut.

„Aber morgen früh wollten wir doch weiter am Fall Maxim arbeiten", sagte Anton. „Wer weiß, wie vielen Kindern Maxim bis dahin die Handys geklaut hat."

„Stimmt", sagte Mesut. „Aber ins Café König wollte ich schon immer mal eingeladen werden."

„Ich will aber weiter ermitteln", maulte Anton. „Außerdem: Wie sollen wir da überhaupt hinkommen?" Er checkte auf seinem Handy die Weglänge: „1,4 km. Das sind 17 Minuten zu Fuß!" Mesut lachte über Anton, der nicht gerne zu Fuß ging.

Da machte es PING auf Mesuts Handy, und der rief: „Schon wieder Pauline. Was schreibt sie? … Sie kommt morgen auch."

Isha und Anton lachten: „Na, das kann ja heiter werden."

„Ich komm nur mit, wenn ihr euch bis morgen geeinigt habt, wessen Handy wir als Köder nehmen. Damit wir endlich in unseren Ermittlungen weiterkommen", verlangte Anton.

„Meins auf keinen Fall", stellte Mesut klar.

„Meins auch nicht", antwortete Isha.

Anton klinkte sich aus dem Videocall aus, manchmal war es nicht auszuhalten mit seinen Freunden.

Nach ihrem Gespräch lag Mesut auf seinem Bett und stellte sich vor, wie Isha jetzt Zeit mit ihrer Oma verbrachte. Plötzlich vermisste er seinen Opa Cemal noch mehr als sonst. Er wählte seine Nummer, aber er ging nicht ran. Seit Corona hatte Mesut ihn nicht mehr in echt gesehen, das war jetzt über vier Jahre her.

Mesut ging ins Wohnzimmer, wo sein Papa Bülent auf dem Sofa ausruhte und zuschaute, wie Firat seinen kleinen Schwestern Schach beibrachte.

Bülent ging es nach seiner Long-Covid-Erkrankung etwas besser. Er arbeitete wieder als Maler, aber noch nicht so wie früher. Das bedeutete, dass er auch nicht so wie früher verdiente, weswegen das Geld in Mesuts Familie hinten und vorne nicht reichte. Besonders seitdem alles noch teurer geworden war. Deswegen arbeitete Mesuts Mama Necla zu ihrer Arbeit als Schneiderin nun auch noch im Supermarkt.

Mesut nahm auf dem Sofa neben seinem Papa Platz, der ihm sofort ein Stück von seiner Orange hinüberreichte.

„Alles klar, mein Sohn?“, fragte Bülent. Mesut seufzte.

Zeynep und Alara knieten konzentriert vor dem Schachbrett, das Firat auf dem Couchtisch aufgebaut hatte.

Mesuts großer Bruder motivierte seine Schwestern: „Ihr kommt noch groß raus! Ich mach aus euch eine neue Betül Cemre Yıldız.“ Mesuts Familie war großer Fan der türkischen Frauengroßmeisterin. „Wollen wir auch gleich eine Partie spielen?“, fragte Firat ihn.

Mesut schüttelte den Kopf: „Zu anstrengend, ich zock lieber noch ’ne Runde. Muss ein bisschen mein Leben chillen.“

Auch Anton saß zu Hause auf dem Wohnzimmersofa und versuchte, sein Leben zu chillen. Aber er konnte nicht aufhören, an seinem Handy zu checken, ob sein Papa ihm geantwortet hatte. Gleichzeitig wollte er nicht, dass seine Mama das mitbekam. Nach dem großen Streit im Lockdown sprach sie nicht mehr über seinen Papa, und weil Anton ihr keinen Kummer machen wollte, vermied auch er es, über ihn zu reden.

Steffi war in der Küche und bereitete das Abendessen zu.

Als sie wenig später Anton zum Essen rief, fragte sie ihn direkt: „Du vermisst Papa, stimmt’s?“

Auf der einen Seite war Anton froh, dass seine Mama ihn fragte, gleichzeitig wusste er nicht, was er sagen sollte.

Also schwiegen sie beide.

Nach einer Weile sagte seine Mama: „Ich vermisse ihn auch. Also manchmal. Aber ich kann und will ihn noch nicht sehen.“

Als sie sah, wie traurig Anton aussah, fügte sie liebevoll hinzu: „Aber wegen mir musst du keine Rücksicht nehmen. Ruf ihn an.“

Anton nahm seine Mama in den Arm: „Du bist die beste Mami, die man haben kann. Auf der ganzen weiten Welt!“

Steffi lächelte: „Na ja, ich geb mir Mühe. Aber jetzt wird erst mal gegessen, sonst wird das Essen kalt.“

DIE FEINSTE ADRESSE AM PLATZ

Bevor sich Anton und Mesut am nächsten Morgen auf den Weg ins Café König machten, wollten sie noch mal Maxims Wohnung observieren. Doch als sie sich im Beobachtungsposten trafen, mussten sie feststellen, dass die schwarzen Vorhänge in Maxims Zimmer zugezogen waren.

„Ob er doch was ahnt?“, fragte Anton und reichte Mesut das Fernglas hinüber.

Im Wohnzimmer schrie gerade Maxims Vater Maxims Mutter an, die sich ängstlich gegen die Wand drückte. Mesut antwortete: „Ich glaube nicht. Aber langsam tut mir Maxim auch leid. Sein Papa ist echt eine Pest.“

„Immerhin kann er mit ihm sprechen“, sagte Anton leise.

Er hatte gestern Abend noch dreimal versucht, seinen Papa anzurufen, aber der war nicht drangegangen. Er hatte nicht einmal eine Mailbox. Langsam machte sich Anton Sorgen, dass ihm etwas zugestoßen sein könnte.

„Na ja, auf so einen Papa kann man echt verzichten“, meinte Mesut. Da fiel Mesut auf, wie traurig Anton aussah.

Vorsichtig fragte er: „Sag mal, warum ist denn dein Papa eigentlich weg?“

„Er musste … Die Polizei …“ Anton konnte nicht weiterreden.

Mesut kannte dieses Gefühl, wenn man darüber reden wollte und es einem gleichzeitig schwerfiel.

„Komm, Digga. Du erzählst mir das auf dem Weg. Mein Opa sagt immer, die wichtigen Dinge im Leben muss man gehend bereden.“

„Wenn dein Opa Cemal das sagt“, sagte Anton, und gemeinsam verließen sie das Hochhausdach. Dabei bekamen sie nicht mit, dass sich in den Spalt zwischen den schwarzen Vorhängen in Maxims Zimmer ein Fernglas geschoben hatte, durch das die beiden beobachtet wurden.

Lange Zeit gingen sie schweigend nebeneinander her.

Erst als sie die Hochhaussiedlung hinter ihnen lag und sie unten am Fluss in Richtung Stadtzentrum unterwegs waren, fing Anton an zu reden: „Mein Papa muss unterwegs sein. On the road, hat er immer gesagt. Das ist Englisch und heißt: auf der Straße. Deswegen ist er ja auch der perfekte Lkw-Fahrer. Aber dann kam Corona, und er durfte nicht mehr fahren. Im Lockdown ist mein Papa fast durchgedreht. Er hat ganz viel getrunken und dann mit meiner Mama gestritten. Ich hab mir dann immer die Kopfhörer aufgesetzt und gezockt. Einmal hat die Wand gewackelt. Dann kam die Polizei, und meine Mama hat gesagt, dass mein Papa sie geschubst hat.“ Anton hörte auf zu reden.

Mesut fragte vorsichtig: „Und dann?“

„Die Polizei hat angeordnet, dass mein Papa für zwei Wochen nicht mehr in die Wohnung darf. Ein Platzverweis, haben sie gesagt. Mein Papa hat dann in seinem Lkw gewohnt, und seit er wieder arbeiten durfte, ist er nur noch unterwegs gewesen. Quer durch Europa."

„Hat er sich bei deiner Mama entschuldigt?", wollte Mesut wissen.

„Ich glaube nicht."

„Schwache Nummer."

Anton nickte traurig.

Der Uferweg endete an einer stark befahrenen Straße. Schweigend gingen sie weiter, bis die Häuser schicker wurden und sie in die Fußgängerzone kamen, wo sich ein Geschäft an das nächste reihte. Auf dem Rathausplatz war gerade Wochenmarkt. Überall vor den Marktständen waren Menschen und kauften Gemüse, Käse, Blumen.

„Hier war ich noch nie", stellte Anton fest.

Mesut zeigte auf einen riesigen Käselaib und lachte: „Wer braucht so viel Käse?"

Das Café König lag direkt neben dem Rathaus und war die feinste Adresse am Platz. Damit das auch wirklich jeder kapierte, lag vor dem Eingang ein roter, dicker Teppich, und der Außenbereich war mit teuer aussehenden Pflanzenkübeln abgegrenzt.

An einem der Tische entdeckten sie Isha und Oma Dinky. Beide hatten sich herausgeputzt: Isha trug ein schickes, kariertes Kleid und Dinky einen blauen Hosenanzug. Mesut rief Anton zu: „Komm, wir nehmen ’ne Abkürzung!“

Dann nahm er Anlauf und sprang in einem großen Sprung zwischen den Pflanzenkübeln hindurch. Sofort rümpften andere Gäste ihre Nasen über Mesut. Anton zögerte. Es war, als ob ihn eine unsichtbare Wand daran hinderte, ins Café König zu gehen.

Ein Herr im Anzug beschwerte sich über Mesut: „So geht das ja nicht. Frau Kellnerin, können Sie diesem jungen Mann das bitte erklären!“ Die Kellnerin in feiner weißer Bluse und schwarzem Rock eilte herbei und entschuldigte sich bei den Gästen. Dahinter kam ihr riesiger Kollege, der in seinem schwarzen Anzug wie eine Mischung aus einem Gorilla und einem Pinguin aussah.

Doch nun war Oma Dinky aufgestanden, breitete ihre Arme aus und sagte: „These boys are my guests.“

“Ihr seid ihre Gäste. Los, setzt euch“, übersetzte Isha schnell und machte eine Geste, dass sie zu ihrem Tisch kommen und sich hinsetzen sollten.

Während Mesut gut gelaunt zum Tisch ging, musste Isha Anton mehrfach eindrücklich zunicken, bis der sich schließlich einen Ruck gab. Anton quetschte sich zwischen den Pflanzenkübeln und der unsichtbaren Wand durch. Dann betrat er den Außenbereich des Café König.

In der Zwischenzeit hatte die Kellnerin zwei Tischsets für Anton und Mesut geholt. Sie schob sogar mit einem Lächeln Mesut den Stuhl unter seinem Hintern zurecht, damit er perfekt saß. Dann goss sie ihnen ein Glas Wasser ein. Mesut genoss den Service und hielt seinen Daumen hoch.

Während Anton sich ehrfürchtig umsah, fühlte sich Mesut im Café König sofort pudelwohl. Gut gelaunt sagte er zu Oma Dinky: „In echt siehst du gar nicht so streng aus."

Isha trat Mesut unterm Tisch gegen das Schienbein, sodass der schmerzhaft aufheulen musste.

Dann übersetzte sie auf Hindi: „Er hat gesagt, dass du großartig aussiehst."

Oma Dinky zwinkerte Mesut zu und sagte dann auf Hindi, dass es für sie eine Ehre sei, die weltberühmten Hochhaus-Detektive kennenzulernen. Isha übersetzte, und Mesut und Anton strahlten vor Stolz. Oma Dinky griff zu ihrem Smartphone, das auf dem Tisch lag, und machte ein Foto von den Hochhaus-Detektiven.

„Kannst du auch Yoga?", fragte Mesut neugierig Oma Dinky. Isha verdrehte die Augen, woraufhin Anton kichern musste.

Oma Dinky antwortete, dass sie seit 58 Jahren jeden Morgen ihre Yoga-Übungen machte. Als Beweis dafür nahm sie ihr rechtes Bein und führte es hinter ihren Kopf. Isha war das superpeinlich, doch Mesut und Anton klatschten begeistert.

Oma Dinky erzählte weiter, dass Yoga und Atmen früher ein Schulfach in Indien war, aber heute leider nicht mehr. Aber sie würde dafür sorgen, dass Isha wenigstens die Grundlagen lernte. Isha, die alles übersetzen musste, seufzte.

Ihre Oma Dinky lächelte sie an und sagte auf Hindi: „Das kriegen wir wieder hin. Dein Handy ist bei mir in guten Händen."

Diesen Satz übersetzte Isha nicht, weil ihr es zu unangenehm war, dass Mesut und Anton erfuhren, dass Oma Dinky Ishas Handy eingezogen hatte. Oma Dinky merkte das und grinste. Sie holte Ishas Smartphone aus ihrer Handtasche und steckte es wieder ein. Mesut und Anton verstanden sofort.

„Haha, sie hat dein Handy einkassiert?", lachte Mesut Isha aus. „Deine Oma ist ja echt hart drauf!" Schnell vergewisserte er sich, dass Oma Dinky ihn wirklich nicht verstand. Plötzlich war er sich da nicht mehr so sicher.

Anton tröstete Isha: „Ich find's gut. Wir brauchen deine volle Konzentrationspower im Fall Maxim."

Da stellten die Gäste plötzlich ihre Gespräche ein. Alle schauten, wer nun das Café König betrat: Es war die reichste Bürgerin der Stadt, Waltraud von der Waffel höchstpersönlich. Im Schlepptau hatte sie ihre Freundin Adelheid und deren Enkelin Pauline.

Waltraud von der Waffel, die es gewohnt war, dass die Blicke auf ihr ruhten, rauschte durch den Außenbereich und begrüßte Oma Dinky formvollendet und in bestem Englisch.

Danach wandte sie sich den Hochhaus-Detektiven zu: „Ahhh, da sind ja meine Retter!"

Dazu tätschelte sie Mesut und Anton die Wangen, nur Isha schaffte es gerade noch, Waltrauds Tätschelhand auszuweichen.

Jedoch nur vorübergehend, denn da kam auch schon die Hand von Oma Adelheid, die Ishas Wangen zur Begrüßung tüchtig tätscheln wollte. Danach tätschelte sie Antons und Mesuts Wangen, die bereits rot glühten.

Pauline grinste, und Mesut grummelte: „Ich hasse Wangentätscheln. Fast so schlimm, wie wenn ich meiner Verwandtschaft die Hände küssen muss."

„Händeküssen?", schnaubte Isha. „Ich musste meiner Oma am Flughafen zur Begrüßung die Füße küssen!" Anton, Mesut und Pauline sahen Isha erstaunt an.

„Okay, du hast gewonnen", stellte Mesut fest.

Die drei Damen fingen auf Englisch ein angeregtes Gespräch über ihre Lieblingsteesorte aus Indien an.

Pauline nahm neben Mesut Platz und strahlte die drei Hochhaus-Detektive an.

„Oh, wie ich mich freue, euch wiederzusehen!"

Die Kellnerin kam und schenkte Pauline Wasser ein. Pauline nickte ihr zu und sagte: „Danke."

Die Hochhaus-Detektive waren beeindruckt, wie selbstverständlich der Service der Kellnerin für sie war.

Pauline wandte sich wieder den Hochhaus-Detektiven zu: „Was macht die Verbrecherjagd? Seid ihr an einem neuen Fall dran?"

Isha, Anton und Mesut warfen sich einen vielsagenden Blick zu. Pauline verstand sofort: „Oh bitte! Erzählt mir alles! Jedes Detail."

„Zu früh", schüttelte Anton den Kopf.

Isha nickte: „Wir können keine Aussagen zu laufenden Ermittlungen machen."

Doch Mesut ließ es sich nicht nehmen zu sagen: „Nur drei Worte: Handyraub im Brennpunktviertel."

Pauline war begeistert: „Ihr habt es so gut! Ihr dürft euch frei bewegen und Verbrecher jagen. Ich dagegen darf noch nicht mal alleine über die Straße gehen. Jeder Schritt wird von meiner Mama überwacht. Nur Zeit hat sie nie."

„Du Arme", bemitleidete Mesut Pauline spöttisch.

Pauline warf ihm einen bösen Blick zu.

„Hach, wie schön sich die Kinder verstehen!", sagte Oma Adelheid, und Oma Dinky sagte: „Cheese!", und machte ein neues Foto. Isha, Mesut, Anton und Pauline lächelten professionell in die Kamera. Oma Dinky lud das Foto direkt in den Familienchat hoch. Dann legte sie ihr Smartphone wieder auf den Tisch. Anton hatte sie dabei beobachtet und entdeckt, dass auch Oma Dinky ihr Handy nicht gesichert hatte.

„Himmel, lass Hirn regnen!"

Pauline nickte: „Unglaublich, oder? Nur 45 % aller Deutschen haben ihr Handy geschützt."

„Du interessierst dich für Handysicherheit?" Anton konnte es kaum glauben.

„Klaro, ich war neulich auf einem Programmier-Workshop. Was glaubst du, wer die Handys von Oma Adelheid und Waltraud gesichert hat?"

Anton nickte wissend und fand Pauline plötzlich viel sympathischer.

Während die Damen sich weiter auf Englisch unterhielten, kam die Kellnerin mit den Speisekarten. Als die Hochhaus-Detektive ihre Köpfe in die Karte steckten, mussten sie feststellen, dass diese kunstvoll in geschwungener Schreibschrift geschrieben war. Mesut bekam Panik, weil er die Schrift kaum lesen konnte und noch dazu keins der Gerichte kannte.

Schnell schnappte sich Anton Mesuts Karte und las laut vor: „Mmmh, lecker, Schokoladenmousse! Das klingt ganz nach meinem Geschmack. Bist du auch dabei, Mesut?“ Der nickte dankbar.

Da schaltete sich Waltraud von der Waffel ein und sagte gönnerisch: „Ihr seid natürlich meine Gäste. Meine Helden, my heroes!“

Sie bestellten, und die Kellnerin und ihr Gorillapinguin-Kollege brachten die Speisen. Anton und Mesut schmeckte das Schokoladenmousse einfach köstlich. Umso verärgerter waren sie, dass sie nur so eine kleine Portion des Desserts bekommen hatten.

Da entdeckte Mesut hinter den Pflanzenkübeln einen bunten Strauß in der Luft hüpfender Heliumballons. Ein Ballonverkäufer näherte sich ihnen und blieb vor den Kübeln stehen, die das Café König vom Marktplatz trennten.

Die Kellnerin gab dem Ballonverkäufer ein Zeichen, und er betrat den Außenbereich. Am Nachbartisch kauften die Eltern ihrem Sohnemann gleich zwei Peppa-Wutz-Ballons.

Mesut kicherte.

„Wie peinlich ist das denn!“

Doch da winkte Waltraud von der Waffel den Verkäufer zu sich her: „Ich hätte gerne Ihre schönsten Ballons für die tapferen Detektive."

Beschämt nahmen Mesut, Anton und Isha ihre Ballons entgegen: Isha bekam ein quietschbuntes Einhorn, Anton Paw Patrol und Mesut ausgerechnet einen Peppa-Wutz-Ballon.

Pauline musste laut lachen. Da drückte der Ballonverkäufer ihr prompt eine Eiskönigin in die Hand. Jetzt waren es die Hochhaus-Detektive, die über Paulines Gesicht lachten.

„Pffh, damit lauf ich nicht rum!", empörte sich Pauline.

Sie öffnete ihre Hand und wollte gerade den Ballon in die Luft steigen lassen, da schrie Mesut sie an: „SPINNST DU? Der kostet locker 5 €. Gib her! Ich nehm den für meine Schwestern mit."

Alle waren gerührt, wie Mesut für seine Schwestern sorgte. Anton reichte ihm seinen Paw-Patrol-Ballon hinüber: „Hier, für deine Schwestern."

„Meinen kannst du auch haben", sagte Isha. Mesut nickte seinen Kollegen zu.

Jetzt stand Waltraud von der Waffel auf und verkündete: „So, ihr Lieben. Es war nett mit euch, jetzt müssen wir los zum Golfturnier." Oma Adelheid nickte und gab Pauline ein Zeichen, damit sie sich auch erhob.

Pauline flehte sie an: „Omi, BIIIIITTE! Darf ich nur noch ein bisschen hierbleiben und mit HD42 ermitteln?"

Aber Oma Adelheid schüttelte den Kopf: „In einer halben Stunde beginnt dein Chinesisch-Unterricht, Schätzchen."

Enttäuscht stand Pauline auf und trottete den Damen hinterher.

Als die drei außer Sichtweite waren, atmeten die Hochhaus-Detektive befreit auf.

Oma Dinky lächelte sie an, als ob sie genau wüsste, was in ihren Köpfen vorging. Sie warf ihnen einen verschwörerischen Blick zu und sagte plötzlich auf Deutsch: „So, und jetzt geht's ab!"

Isha, Mesut und Anton konnten kaum glauben, was sie da gerade gehört hatten. „Seit wann sprichst du Deutsch?", fragte Isha.

„Mir war in Corona-Zeiten langweilig. Und weil doch meine Söhne und meine süßen Enkel in Deutschland leben, habe ich die Zeit genutzt und mich ein bisschen weitergebildet."

Anton lächelte Isha an: „Jetzt weiß ich auch, von wem du dein Gehirnschmalz hast!"

„Aber warum hast du nicht gleich Deutsch mit uns gesprochen?", wollte Isha wissen.

„Ich fand eure Wohnungsscharade amüsant und wollte erst mal ein bisschen undercover ermitteln – um rauszufinden, warum ihr mir nicht sagen wollt, dass ihr im Hochhaus wohnt", grinste Oma Dinky.

„LOL!", rief Mesut, und Anton musste kichern.

Isha hingegen flüsterte: „Du weißt, dass wir in einem Hochhaus wohnen?"

„Was glaubst du, von wem du dein Ermittlertalent geerbt hast? Denkst du, ich hab kein Internet in Indien? Nachdem du mir von eurem letzten Fall erzählt hast, hab ich natürlich ein paar Nachforschungen angestellt. In dem Zeitungsartikel über euren letzten Fall stand, dass ihr in der Hochhaussiedlung am Rand der Stadt wohnt. Also habe ich mir über Google Maps euer Detektivbüro angeschaut."

„Man sieht unser Büro auf Google Maps?", rief Anton schockiert.

Isha wiederum war nun völlig fassungslos: „Du warst mal Ermittlerin?", fragte sie, während Mesut sich vor Lachen bog: „Einfach nur LOL."

Oma Dinky lächelte: „Na ja, nicht ganz. Ich war mit einem Detektiv befreundet, und er hat mich oft um Rat gefragt. Ich kann mich gut in die Köpfe anderer Menschen hineinversetzen. Zusammen haben wir die kniffligsten Fälle in der Unterwelt von Neu-Delhi gelöst."

„Warum hast du mir davon noch nie erzählt?"

„Weil das meiste nicht für Kinderohren bestimmt ist."

„COOL!", riefen Isha, Mesut und Anton im Chor.

Oma Dinky lachte: „Okay, okay. Wenn ihr wollt, erzähle ich euch gleich mehr auf dem Weg zum Hochhaus. Wie wir den Halstuchmörder gefasst haben und dabei selbst fast –"

Da klingelte Antons Handy: Es war ihr Außenposten Deniz. Anton schaltete auf laut, und sie hörten den Kioskbesitzer sagen: „Freunde, Maxim war gerade hier. Der hat sich vielleicht über euch aufgeregt! Was habt ihr gemacht? Passt bloß auf!"

Die Hochhaus-Detektive schluckten, und Anton legte auf.

Isha beruhigte ihre Oma: „Alles super, mach dir keine Sorgen." Oma Dinky schaute ihr tief in die Augen. Isha konnte nicht anders, als die Wahrheit zu sagen: „Wir sind mitten in einem Fall. Wir haben einen Tatverdächtigen, aber leider noch keine Beweise."

„Das kenn ich", sagte Oma Dinky und streichelte Isha über ihren Kopf. „Vielleicht kann ich euch ja bei der Verbrecherjagd unterstützen?"

Isha lachte und umarmte ihre verrückte Oma. Die strich ihr liebevoll die Haare aus dem Gesicht. Weil Isha gerade dabei war, die Wahrheit zu sagen, fragte sie leise: „Oma, bist du sauer, weil wir dich angelogen haben, wegen unserer Wohnung?"

Oma Dinky seufzte: „Sauer nicht, aber dass deine Eltern sich nicht trauen, mir das zu sagen, wundert mich schon. Ist die Gegend denn wirklich so schlimm, wo ihr jetzt wohnt?"

Isha antwortete: „Ich hab dort jedenfalls die besten Freunde gefunden, die ich mir vorstellen könnte."

Anton und Mesut lächelten gerührt.

Oma Dinky nickte ihnen zu: „Na, dann mal los. Ich bin so gespannt wie ein Brett!" Isha musste wieder lachen, denn das Brett war Oma Dinkys liebste Yoga-Stellung.

„Kommt schon, ich spendiere euch die Busfahrt. Ich weiß auch schon, wo der Bus abfährt", rief Oma Dinky und lief los. Staunend liefen die Hochhaus-Detektive ihr hinterher.

Mit seinen vier Heliumballons in der Hand hatte Mesut Mühe, Schritt zu halten.

DER TYP IST ZU ALLEM FÄHIG

Auf der Busfahrt zurück in die Hochhaussiedlung saßen die Detektive nebeneinander und lauschten gespannt Oma Dinkys Erzählung, wie sie mitgeholfen hatte, den Halstuchmörder in der Unterwelt Neu-Delhis zu jagen. Die Geschichte war so unglaublich, dem HD42-Trio blieb fast die Spucke weg. Isha war sich sicher, dass ihre Oma das ein oder andere Detail dazuerfunden hatte, damit die Geschichte noch aufregender war – das war ihr aber egal. Glücklich seufzte sie: „Krimis sind die neuen Märchen."

Die Busfahrt verflog im Nu, und schon hielt der Bus an der Haltestelle an der Hochhaussiedlung. Beim Aussteigen hatte Mesut Mühe, seine vier Heliumballons aus dem Bus zu bekommen, ohne dass sie kaputtgingen.

Da erhielt Anton eine neue Nachricht von Deniz:

> Maxim hat gerade gesagt,
> dass er sich bei euch umschauen will.

Die Hochhaus-Detektive schauten sich mit großen Augen an. „Was hat er vor?", fragte Anton.

Isha überlegte: „Er wird doch nicht unser –"

„BÜRO ANSCHAUEN!“, schrien Mesut und Anton und liefen in Richtung Hochhaus.

„Los, Oma!“, rief Isha, „wir müssen schnell aufs Dach!“ Oma Dinky folgte den drei Detektiven in einem erstaunlichen Tempo.

Als sie am Fahrstuhl eintrafen, ließ sich sogar Isha breitschlagen, ausnahmsweise nicht die Treppen zu nehmen. Mesut und Anton grinsten. Egal, wie sportlich Oma Dinky war, 20 Stockwerke wollte Isha ihr dann doch nicht zumuten.

Um sich selbst Mut zu machen, sagte Isha zu ihrer Oma: „Der Aufzug ist total sicher und vertrauenswürdig.“

Ihre Oma antwortete ihr: „Ach, Isha. Es ist so süß, wenn du lügst.“

Isha seufzte. Sie war sich nicht sicher, ob es immer von Vorteil war, dass ihre Oma Gedanken lesen konnte.

Die Fahrstuhltür öffnete sich, und vor ihnen stand breitbeinig Maxim. Er hatte die Kapuze seines schwarzen Pullovers übergezogen und warf ihnen einen Blick zu, als ob tödliche Laserstrahlen aus seinen Augen kämen. Isha, Anton und Mesut blieben wie gelähmt stehen.

Nur Oma Dinky trat unbekümmert in den engen Fahrstuhl und stellte sich neben Maxim. Für einen kurzen Augenblick berührten sich dabei ihre Schultern.

„Entschuldigen Sie“, sagte Maxim und verließ die Fahrstuhlkabine.

Während Maxim an den immer noch erstarrten Hochhaus-Detektiven vorbeiging, machte er mit seinem Zeige- und Mittelfinger eine Geste, dass er sie im Blick hatte. Da sah er die Ballons, die Mesut in seiner Hand hielt. Blitzschnell holte Maxim sein Allzwecktaschenmesser aus der Hosentasche und stach damit – PENG-PENG-PENG-PENG – alle vier Ballons kaputt. Dann machte er sich grinsend aus dem Staub.

Geschockt sahen Anton und Isha Mesut an, an dessen ausgestrecktem Arm die Reste der kaputten Luftballons hingen.

Neugierig schaute Oma Dinky aus dem Fahrstuhl heraus und fragte: „Was hat denn da geknallt?“

„Das war Maxim. Unser Tatverdächtiger!“, rief Isha.

„Was wollte der hier?“, fragte Anton.

„So ein Scheißkerl! Das gibt Rache!“, erboste sich Mesut und stopfte die Überreste der kaputten Ballons in den Mülleimer.

Oma Dinky dachte kurz nach und sagte dann: „Ich glaube nicht, dass der Junge ein Dieb ist.“ Dann ging sie wieder in den Fahrstuhl.

„Er hat gerade meine Ballons kaputt gemacht, dieser Schweinehund!“, schrie Mesut und marschierte auch in die Kabine.

„Woher will sie wissen, dass Maxim kein Dieb ist?“, flüsterte Anton Isha zu.

„Meine Oma weiß Dinge“, sagte Isha geheimnisvoll, und die beiden betraten den Fahrstuhl.

„Ab jetzt ist Krieg“, sagte Mesut und drückte auf den obersten Knopf.

Im 16. Stock ging die Fahrstuhltür auf, und Herr Kawuppke betrat mit gesenktem Kopf die Kabine. Über seinem Hawaiihemd trug er den von ihm so gehassten grauen Hausmeisterkittel. Die Detektive wollten Kawuppke gerade fragen, warum er das verhasste Kleidungsstück wieder angezogen hatte, da kam noch jemand in den Fahrstuhl. Der Mann trug einen schicken Anzug und Haare, die wie geleckt aussahen.

Er nickte Oma Dinky zu, stellte sich gegenüber von Kawuppke und zischte ihm zu: „Wenn ich Sie hier noch einmal in Ihrem Lotterleben-Outfit erwische, sind Sie hier längste Zeit Hausmeister gewesen. So einen wie Sie finde ich an jeder Straßenecke. Oder ich ersetze Sie gleich durch einen Roboter. Haben wir uns da verstanden?"

Kawuppke nickte stumm und drückte auf den Knopf mit der 18. Auf der Fahrt versuchte Kawuppke den neuen Aufkleber „MAXIMaler Handyservice" abzukratzen, der sich auf dem Spiegel befand.

Der Mann im schicken Anzug schimpfte: „Und überall diese Sticker! Da müssen Sie aktiver gegen vorgehen. Sie haben das Gebäude nicht im Griff!"

Kawuppke murmelte: „Geht klar, ich hab's verstanden."

Im 18. Stock verließ der Hausmeister mit dem Anzugtypen den Fahrstuhl.

„Was war das denn für eine Arschgeige?", rief Anton.

„Ein ganzes Arschgeigenorchester war das!", empörte sich Mesut lautstark.

„Anhand seines Verhaltens würde ich darauf schließen, dass es der Chef von Kawuppke ist. Vielleicht der Vermieter?“, sagte Isha. Oma Dinky nickte.

„Hoffentlich bekommt Kawuppke nicht noch mehr Ärger“, sorgte sich Anton. „Wegen unseres Büros.“

„Hoffentlich bekommen WIR nicht Ärger“, befürchtete Mesut.

„Schnell aufs Dach!“, rief Isha und drückte auf die 21, um zur obersten Etage hochzufahren.

Als sie die Dachtür öffneten und vorsichtig das Dach betraten, war alles so wie immer. Die Stadt lag unter ihnen, und der Himmel schien ganz nah.

Oma Dinky war begeistert: „Was für eine Aussicht! Davon muss ich sofort ein Foto machen.“

Sie kramte in ihrer Handtasche, doch alles, was sie fand, war Ishas Smartphone.

„Isha, hast du mein Handy eingesteckt?“, fragte Oma Dinky.

Isha sah ihre Oma erschrocken an und schüttelte den Kopf.

Oma Dinky schaute in den Taschen ihres Blazers, ihrer Hose und dann noch einmal in ihrer Handtasche.

„Wo ist es nur, irgendwo muss es doch sein? Ich werde es doch nicht verloren haben?“

Die Hochhaus-Detektive sahen sich mit großen Augen an und waren sich sicher: „Das war Maxim!“, riefen die drei wie aus einem Mund.

Mesut ergänzte: „Na, klar: Vorhin im Fahrstuhl!“

„Ist der jetzt völlig übergeschnappt?“, fragte Isha. „Der kann doch nicht einfach das Handy meiner Oma stehlen!“

Oma Dinky starrte sie fassungslos an: „Der Junge im Fahrstuhl? Das kann nicht sein!“

„Jetzt zieht er nicht mehr unschuldigen Kindern das Handy ab, sondern bestiehlt alte Damen im Fahrstuhl!“, rief Mesut.

„Das ist in der Tat sehr seltsam und eine rasante Verschlimmerung“, überlegte Anton.

Während Oma Dinky zum 1000. Mal ihre Handtasche durchsuchte und alle Taschen ihres Hosenanzugs abklopfte, rannte Mesut zur SPEZIALKISTE, um das Fernglas zu holen.

Dann sauste er, so schnell er konnte, über die Feuerleiter zum Beobachtungsposten hoch.

„Was hast du vor?“, fragte Anton.

„Ich schaue nach, wo Maxim ist."

„Und?", fragte Isha gespannt.

„Da unten im Hof steht er! Dieses Aasgesicht! Wir müssen runter und ihm sagen, dass er das Handy rausrücken muss, sonst gibt es eins auf die Birne!" Mesut ballte seine Faust.

„Das bringt doch nichts", sagte Anton. „Das macht der doch niemals."

„Aber meine Oma wird ihm etwas husten. Dann wird er das Handy rausrücken, das sage ich euch!", rief Isha. Anton und Mesut glaubten ihr sofort.

„Leute, Maxim geht zu den Fahrradständern und fummelt an einem Schloss herum", beobachtete Mesut.

„Bestimmt will er das auch klauen", sagte Isha.

„Mist, jetzt fährt er weg!", stöhnte Mesut.

„Was machen wir nun?", fragte Isha.

„Am besten, du bleibst oben und hältst Ausschau, wann Maxim wiederkommt", rief Anton Mesut zu.

Oma Dinky war unterdessen ganz bleich geworden: „Mein Handy! Darauf ist alles, mein ganzes Leben: Meine Fotos. Meine Kontakte. Meine Mails."

„Kaufst du mit deinem Handy auch im Internet ein?", fragte Anton besorgt.

„Natürlich. Ich mache meine Geldgeschäfte damit, mein Rückflugticket ist da drauf – ALLES!", antwortete Oma Dinky.

„Oje!", sagte Anton. „Weil: Du hast dein Handy ja nicht gesichert, da kann der Dieb sofort rein. Aber bestimmt benutzt du für deine Geldgeschäfte starke Passwörter, die man nicht so leicht knacken kann, oder?"

„Ich benutze immer das gleiche."

„Aber nicht zufällig: 123456?", fragte Anton besorgt.

„Woher weißt du das?", fragte Oma Dinky erstaunt.

„Das ist das Passwort, das die meisten Menschen auf der Welt nutzen!" Verzweifelt schlug sich Anton die Hand vor den Kopf: „Das wird der Dieb als Erstes ausprobieren! Dann loggt er sich einfach in deinem Namen mit dem Passwort überall ein, wo du angemeldet bist."

„Was bedeutet das?", fragte Oma Dinky erschrocken.

„Der Dieb tut so, als ob er du bist: Er kauft in deinem Namen ein und viele schreckliche Sachen mehr."

„Jetzt mal nicht den Dämon an die Wand", sagte Isha und rief zu Mesut hoch: „Kannst du Maxim sehen?"

Mesut schüttelte den Kopf: „Nee, der ist weg. Ich sag Bescheid, sobald ich ihn sehe."

Oma Dinky wurde es schwindelig vor Sorge.

Schnell holte Anton ihr den weißen Plastikstuhl, damit sie sich setzen konnte. Doch Dinky bevorzugte es, sich im Schneidersitz auf den Boden zu setzen. Isha zog sich ihre Jacke aus und legte sie ihrer Oma als Unterlage auf den Boden. Die sagte geschwächt: „Ich muss meine Nerven beruhigen und dringend eine Runde meditieren. Bitte stört mich nicht."

Sie schloss ihre Augen und atmete tief in ihren Bauch ein und aus. Dann tauchte sie in eine tiefe Meditation ab.

Erstaunt betrachtete Anton Ishas Oma, die jetzt wie eine Statue aussah. Isha kannte das von ihr. Sie gab Anton ein Zeichen, dass er ihr nach oben zum Beobachtungsposten folgen sollte.

Dort sagte sie ernst zu ihren Kollegen: „Leute, wir müssen die Polizei rufen! Es geht hier um das Handy meiner Oma! Meine Mutter killt mich, wenn sie rausbekommt, was passiert ist." Mesut schüttelte den Kopf.

„Auf keinen Fall. Das macht man vielleicht dort, wo du früher gewohnt hast. Aber hier ruft keiner die Polizei, das ist mega-uncool."

Anton nickte und fügte hinzu: „Außerdem: Die Polizei kommt doch nicht wegen eines geklauten Handys hierher! Da zeigt die uns den Vogel. Nee, Oma Dinkys Handy müssen wir ganz alleine wiederfinden."

„Oh Kali, steh uns bei", flüsterte Isha, deren ganze Hoffnung auf der Polizei geruht hatte. Sie ließ sich auf den grünen Sitzsack fallen und sagte: „Was sollen wir jetzt nur machen?"

Mesut setzte sich ratlos neben sie.

Anton überlegte: „Du hast uns doch bei unserem letzten Fall erklärt, dass sich Profi-Ermittler in den Kopf des Täters hineinversetzen, um zu denken, wie er denkt."

Isha nickte. Anton fuhr fort: „Also: Warum hat Maxim das gemacht?"

„Aus Rache natürlich. Das war eine Warnung. Er weiß, dass wir ihn durchschaut haben", meinte Mesut.

Isha schüttelte den Kopf: „Das ist unlogisch. Er wusste ja nicht, dass er uns im Fahrstuhl trifft. Hätte er sich rächen wollen, dann hätte er unser Büro zerstört. Nein, er hat das Handy geklaut, weil er die Gelegenheit dazu hatte."

„Ja, das passt zu seinem Charakter", rief Mesut. „Ihr habt doch gesehen, was Maxim mit meinen Ballons gemacht hat. Der Typ ist zu allem fähig!"

„Bestimmt will er es jetzt an Keule weiterverkaufen", überlegte Anton.

„Wir müssen das Handy vorher wiederfinden!", rief Isha.

„Wie hat Maxim es überhaupt geschafft, Oma Dinky das Handy zu stehlen?", fragte sich Anton.

„Es muss passiert sein, als wir uns am Fahrstuhl begegnet sind", vermutete Isha.

„Als er sie angerempelt hat!", erinnerte sich Mesut.

„Stimmt!", rief Isha. „Sogar Entschuldigung hat er noch gesagt, dieser Heuchler."

„Warum hat sie auch nicht ihr Handy gesichert!", stöhnte Anton.

„Jetzt hör mit deiner ewigen Angstmacherei auf", sagte Isha. „Es ist schlimm genug, dass ihr Handy gestohlen wurde."

„Ich sag's euch, das kann noch viel schlimmer werden!", befürchtete Anton. „Da fällt mir ein: Wir haben ganz vergessen: Oma Dinky muss dringend ihr Bankkonto sperren! Du musst sofort deine Eltern informieren."

Isha sah Anton entsetzt an: „Meine Ma macht Chicken Masala aus mir, wenn sie erfährt, dass Oma Dinky ihr Handy gestohlen wurde – ausgerechnet hier im Hochhaus."

Anton sagte mit ernstem Gesicht: „Isha, deiner Oma kann richtig großer Schaden entstehen, wenn sie ihr Konto nicht sperrt."

Schweren Herzens kletterte Isha die Feuerleiter hinunter, schlich zu Dinkys Handtasche und fischte ihr Handy heraus, das ihre Oma einkassiert hatte. Oma Dinky saß nach wie vor tief versunken im Schneidersitz. Isha ging mit ihrem Handy an eine Stelle auf dem Dach, von der sie sich sicher war, dass Oma Dinky sie nicht hören würde. Dann rief sie bei ihrer Ma an und erklärte ihr die Sachlage. Vorsorglich hielt Isha das Handy sehr weit weg von ihrem Ohr. Das war schlau, denn Anton und Mesut hörten Ishas Mama bis nach oben schreien:

„WAS IST PASSIERT?"

„Wir haben alles im Griff, Ma. HD42 ist an dem Fall dran", versuchte Isha sie zu beruhigen. Doch die war außer sich: „IHR MACHT JETZT GAR NICHTS MEHR, BIS WIR DA SIND. HABEN WIR UNS DA VERSTANDEN, ISHA SUNDARI MALIKA?"

„Okay, Ma", sagte Isha. Wenn Ishas Ma jeden ihrer Vornamen aufzählte, wusste sie, dass sie besser gehorchen sollte.

NUR BARES IST WAHRES

Vorsichtig schaute Isha nach, ob Oma Dinky etwas von dem Telefonat mitbekommen hatte. Doch die saß immer noch versunken in ihrer Meditation. Also kletterte Isha wieder hoch zu Anton und Mesut, die am Rand des Hochhauses knieten und nach Maxim Ausschau hielten.

„Wir müssen leider erst mal abwarten, bis meine Eltern da sind."

„Okay, dann lasst uns überlegen, was wir in der Zwischenzeit machen können", sagte Anton.

Isha und Mesut schauten sich an.

Da kapierte Anton, was die beiden machen wollten.

„Nicht euer Ernst. Wir brauchen jetzt volle HD42-Ermittlungspower!"

„Aber: Ich hasse warten", maulte Mesut.

„Ja, ich ertrage das auch keine Sekunde", stöhnte Isha. „Ich muss mich ein bisschen ablenken, nach dem ganzen Schreck."

„Du hast doch selbst erklärt, dass Detektivarbeit zu 80 % aus Warten besteht!"

„Da hatte ich auch noch kein Handy", seufzte Isha und

holte ihr Smartphone heraus. Mesut tat es ihr gleich, und zusammen ließen sie sich in den grünen Sitzsack fallen.

„LEUTE, WIR SIND GERADE MITTEN IN EINER ERMITTLUNG!“, rief Anton verzweifelt.

„Sorry“, bedauerte Mesut. „Aber ich hab schon ganz viel Bonus verloren. Schau doch: Tiffy schaut wieder so traurig, weil ich so lange nicht gespielt habe.“

„Tiffy? Nicht dein Ernst, Mesut: Tiffy ist nicht echt! Dass die traurig schaut, haben sich die Macher von Candy Crush extra ausgedacht. Damit du ein schlechtes Gewissen kriegst und weiterspielst. Das ist ein Trick, und du fällst drauf rein. Noch nie von Dark Pattern gehört?“

„Was für Pättern?“, fragte Mesut.

„Ja, was soll das sein?“, interessierte sich auch Isha.

„Habt ihr euch noch nie gefragt, warum ihr euer Handy nicht weglegen könnt? Ihr werdet die ganze Zeit manipuliert, damit ihr nicht aufhören könnt. Dark Pattern heißen diese dunklen Internet-Tricks“, erklärte Anton.

„Stimmt das wirklich?“, fragte Mesut.

„Klingt gruselig“, gab Isha zu.

„Das ist auch megagruselig.“

„Wer manipuliert uns?“

„Na, die Besitzer von Candy Crush, Roblox, Minecraft. Bei deinen YouTube Shorts oder TikTok ist das genau das Gleiche. Die programmieren das extra so, weil sie wollen, dass ihr möglichst viel Zeit bei ihnen verbringt. Damit verdienen die ihr Geld.“

„Hä? Wie verdienen die an uns?“, fragte sich Isha.

„Das ist ja das Fiese, dass ihr das gar nicht schnallt. Die verdienen an der eingeblendeten Werbung oder dass ihr im Spiel nur weiterkommt, wenn ihr was kauft oder –“

„Aber das ist doch genau mein Problem. Ich hab kein Geld und komm nicht weiter. Deswegen brauch ich doch jeden Bonus“, jammerte Mesut.

„Genau das ist Dark Pattern und extra gemacht, damit du dich schlecht fühlst, du weiterspielst und dir die Werbung ansehen musst.“

„Krass. Das klingt so böse“, stellte nun auch Mesut fest.

„Ist es. Informiert euch!“

Isha und Mesut wussten nicht, was sie sagen sollten.

Nach einer Weile sagte Isha: „Warum ist das überhaupt erlaubt? Warum unternimmt da keiner etwas dagegen?“

Anton seufzte.

„Es gibt Leute, die schon lange warnen. Chaos Computer Club. Netzpolitik. Die Guten im Internet. Aber die werden nicht gehört. Weil die meisten Erwachsenen leider DAUs sind.“

„Hä, was ist ein DAU?“

„Das ist die Abkürzung für den Dümmsten Anzunehmenden User. So nennen Leute, die Ahnung vom Internet haben, die Leute, die keine Ahnung vom Internet haben. Leider haben fast alle Erwachsenen keine Ahnung vom Internet.“

„Ich will kein DAU sein“, sagte Mesut.

„Ich auch nicht“, sagte Isha.

„Dann informiert euch endlich, zum Kuckuck! Sichert eure Handys ab! Fallt nicht auf Dark Pattern rein! Macht eure Hausaufgaben!"

„Ich hasse Hausaufgaben."

„Yo! Aber das sind keine Hausaufgaben für die Schule, sondern für dein Leben, Alter. Willst du ewig ein DAU sein oder ein Internetchecker? Gerade jetzt, wo die Computer noch schlauer werden, ist das als Detektiv megawichtig."

Da hörten sie, wie unten auf dem Parkplatz ein Auto mit quietschenden Reifen vorfuhr. Mesut schaute mit seinem Fernglas nach, wer das war: „Das ist das Auto deines Onkels. Deine Eltern und dein Bruder steigen aus. Oh-oh, deine Ma ist nicht gut drauf ... Und Swati sieht so aus, als ob sie die neue Halstuchmörderin ist."

„Die wäre natürlich lieber in der Villa geblieben", seufzte Isha, der es vor der Begegnung mit ihrer Familie graute.

„Leute, da kommt Maxim angeradelt! Macht euch bereit, wir gehen runter", rief Mesut. „OMG, wie er sich nach Swati den Kopf verrenkt, der fällt ja gleich runter vom Fahrrad."

„Was? Zeig!", rief Isha.

„Das will ich auch sehen!", rief Anton, schnappte sich zuerst das Fernglas und trat an den Hochhausrand.

„Hahaha, der ist wirklich voll verknallt in Swati ... Maxim geht in sein Hochhaus. Mist, er schaut hoch zu uns. Er hat mich gesehen. Er zeigt mir den Mittelfinger und geht rein."

„Oh nein, er weiß Bescheid", stöhnte Mesut.

„Dann können wir unsere Observierung vergessen. Er wird bestimmt seinen Vorhang nicht mehr aufziehen“, kombinierte Isha. „Wie kommen wir jetzt nur in sein Zimmer rein? Wir müssen Zugang zu diesem Blechschrank bekommen. Bestimmt liegt dort Oma Dinkys Handy.“

Anton beobachtete, wie Swati ein letztes Selfie vor dem Auto ihres Onkels machte.

„Ich glaube, ich habe eine Idee: Wie wäre es, wenn wir Swati als Undercover-Spionin zu Maxim schicken?“

Mesut kapierte sofort, was Anton meinte. „Super Idee!“

Nur Isha stand auf dem Schlauch.

Anton erklärte: „Maxim steht auf Swati. Das nutzen wir aus und schicken Swati zu ihm, damit sie ihn ausspioniert. Swati ist so abgebrüht, die zieht das bestimmt knallhart durch!“

„Warum sollte Maxim sich mit meiner Schwester treffen?“, fragte Isha, die Antons Idee immer noch nicht verstanden hatte.

Anton musste noch deutlicher werden: „Swati verabredet sich mit ihm auf ein Date mit Aussicht auf ein bisschen Knutschi-Putschi. In einem günstigen Augenblick durchsucht sie den Blechschrank.“

Mesut grinste über beide Ohren, und Isha, die endlich verstand, verzog ihr Gesicht.

„Igitt!“ Isha dachte über Antons Idee nach. „Das ist echt eine miese Nummer. Aber okay, lasst es uns machen. Bin gespannt, was Swati dafür haben will.“

Da machte es PING auf Ishas Handy.

Sie las die Nachricht ihrer Mama vor: „Ich soll schnell Oma Dinky runterbringen. Oje, jetzt geht es mir an den Kragen."

Isha schluckte und kletterte die Feuerleiter hinunter. Behutsam weckte sie ihre Oma aus ihrer Meditation und erklärte ihr: „Ma und Pa sind da. Onkel Kishan fährt dich zu ihm, da kannst du dich ausruhen." Oma Dinky nickte und stand langsam auf. Isha führte sie zur Dachtür.

„Und vergiss nicht, dein Bankkonto zu sperren, Oma Dinky!", erinnerte sie Anton. Die nickte abwesend und verließ mit Isha das Dach.

Anton und Mesut waren sehr gespannt, wie Ishas Eltern reagieren würden. Neugierig lehnten sie sich, so weit sie konnten, über den Hochhausrand und sahen zu, wie ihre Kollegin ihre Oma zum Auto brachte, wo Ishas Eltern und Onkel Kishan standen. Ihre Freundin tat ihnen leid, denn sie mussten zusehen, wie eine gewaltige Schimpfwelle über sie einbrach. Isha ließ den Kopf immer weiter hängen, während ihre Mama und ihr Papa immer weiter auf sie einschimpften. Doch dann sagte Oma Dinky etwas und machte eine Geste, dass sie damit aufhören sollten. Plötzlich lagen sie sich alle in den Armen.

„Scheint gut zu laufen", stellte Mesut erleichtert fest.

Nachdem Isha ihre Oma verabschiedet hatte und wieder zurück im Detektivbüro war, seufzte sie: „Ein Gutes hat der

Handydiebstahl: Jetzt hört wenigstens dieses Versteckspiel auf. Meine Eltern haben Oma Dinky die Wahrheit gesagt. Ab sofort wohnen wir wieder hier, und meine Oma kommt uns besuchen, sobald sie sich ausgeruht hat."

Anton und Mesut freuten sich über diese Nachricht.

„Dann steht unseren Ermittlungen ja nichts mehr im Wege."

„Und du kannst endlich Swati anrufen", erinnerte Mesut.

Isha atmete tief durch und wählte Swatis Nummer. Dann sagte sie so freundlich, wie sie konnte: „Hallo Schwester!"

„Was willst du?", hörten sie Swati auf der anderen Seite zischen. „Wegen dir wohnen wir wieder in dieser Bruchbude."

„Ich hab dich auch lieb, Schwester."

„Was hast du jetzt ausgefressen?", fragte Swati misstrauisch.

„Wir brauchen deine Unterstützung."

„Wobei?"

„Das erklären wir dir gleich. Komm bitte zu uns ins Büro."

„Geht's noch? Ich glaub, es hackt. Ich komm doch nicht in euer Loser-Büro."

„Bitte, es ist wirklich wichtig. Es geht um den Handydieb unserer Oma."

Kurze Zeit später stand Swati todesgenervt im Detektivbüro vor Isha, Anton und Mesut. Die Hochhaus-Detektive hatten sie extra so über das Dach geführt, damit Maxim sie auf keinen Fall von seiner Wohnung aus sehen konnte.

„Okay, ihr habt fünf Minuten Zeit", knurrte sie.

Nachdem die Hochhaus-Detektive Swati ihren Plan erklärt hatten, zeigte die ihnen einen Vogel.

„Nur über meine Leiche. Ich treffe mich doch nicht mit Maxim, diesem Hodenkobold.“

Angesichts dieses völlig neuen Wortes mussten sich Anton und Mesut vor Lachen biegen: „Hodenkobold, haha!“

Daraufhin warf Swati ihnen einen so abfälligen Blick zu, dass sie sich sofort wieder zusammenrissen.

Isha stellte sich vor ihre Schwester und sagte ernst: „Swati. Es ist wirklich wichtig. Oder willst du nicht, dass unsere Oma Dinky ihr Handy zurückbekommt?“

Swati brummte: „Natürlich will ich das. Und ihr glaubt ernsthaft, dass Maxim es geklaut hat? Der hat doch selbst 1.000 Handys.“

„Woher weißt du das mit den Handys?“, fragte Mesut.

„Das weiß doch jeder.“

„Ich versteh nicht, warum uns das noch nicht früher aufgefallen ist“, fragte sich Anton.

„Bitte, Swati“, sagte Isha eindringlich und legte zum ersten Mal in ihrem Leben ihren Arm auf Swatis Schulter.

Doch die schüttelte sofort Ishas Arm ab und stellte klar: „Da muss aber ordentlich Cash fließen, bevor ich einen kleinen Finger für euch krümme.“

„Cash? Du meinst Geld?“, fragte Mesut, der kaum glauben konnte, dass Swati als Ishas Schwester so etwas sagte.

Isha aber kannte das schon von Swati und fragte: „Wie viel?“

Swati grinste.

„Zufällig weiß ich, dass du gestern in den Besitz eines 50-€-Scheins gekommen bist."

Mesut flüsterte Anton zu: „Wallah, sie ist so böse." Anton nickte schockiert.

„Das ist mal wieder so typisch von dir", sagte Isha und holte den 50-€-Schein, den Oma Dinky ihr gestern gegeben hatte, aus ihrer Hosentasche.

So viel Gemeinheit ließ Mesut und Anton mit offenem Mund staunen.

„Mund zu, es zieht", sagte Swati zu ihnen und schob den Geldschein lässig in ihre Handyhülle.

„Karma ist ein Bumerang, Swati. Das kriegst du alles wieder zurück", meinte Isha.

„BLA, BLA, BLA. Also: Was soll ich machen?"

„Wir brauchen eigentlich nur noch Maxims Nummer, damit du ihm eine Nachricht schicken kannst", sagte Anton.

„Die müsste ich haben", sagte Swati und schaute in ihrem Handy nach.

„Du hast Maxims Nummer?", fragte Isha entsetzt.

„Natürlich, die hat doch jeder", antwortete Swati. „Ich schick ihm diese Nachricht hier:

Hi Maxim,
ich würd gern mal bei dir vorbeikommen. Hast du Zeit?
Kuss, Swati

Als Anton die Nachricht las, bekam er rote Ohren. Isha wollte die Nachricht gar nicht erst sehen. Nur Mesut schlug vor: „Willst du nicht noch ein paar Herz-Emojis und einen Kussmund hinzufügen?"

Aber Swati zog verächtlich ihre linke Augenbraue hoch und schickte die Nachricht ab.

Innerhalb von 20 Sekunden machte es PING, und Swati hatte eine Antwort vom Maxim:

Swati! Komm vorbei,
ich mach dir einen
leckeren Cappuccino.
Peace, Maxim

Die Vorstellung, wie Maxim Swati einen Cappuccino servierte, brachte Mesut und Anton erneut zum Lachen. Doch als sie Swatis Blick sahen, verstummten sie sofort.

Als Nächstes gingen die Hochhaus-Detektive mit Swati noch einmal Schritt für Schritt durch, was sie bei ihrem Date mit Maxim machen sollte.

OPERATION KREUZVERHÖR

Die Hochhaus-Detektive waren hinter der Dachumrandung abgetaucht, damit Maxim sie bei der Observierung von seinem Date mit Swati auf keinen Fall entdeckte. Nur das Fernglas ragte wie bei einem U-Boot in Richtung Maxims Hochhaus.

„Seid ihr sicher, dass er das nicht mitkriegt?“, fragte Isha besorgt.

„Sehr sicher. Außerdem ist seine volle Aufmerksamkeit jetzt doch bei Swati“, meinte Anton.

Mesut nickte und erklärte weise: „Liebe macht blind.“

Damit es keinen Streit gab, hatten die Hochhaus-Detektive vorher ausgemacht, dass jeder von ihnen genau eine Minute lang das Fernglas haben durfte. Dann wurde gewechselt. Erst hatte Mesut auf einen Extra-Bonus Zeit bestanden, weil seiner Familie schließlich das Fernglas gehörte. Aber Isha und Anton hatten ihm klargemacht, dass er das vergessen konnte.

„Als Erster bin aber ich dran!“, sagte Mesut und hatte sich das Fernglas geschnappt. Er observierte Maxims Wohnung: „Haha, Maxim überprüft zum hundertsten Male seine Haare im Spiegel ... Da! ... Er geht zur Haustür ... Er führt Swati ins Wohnzimmer … Oh, hoho, wie aufgeregt er ist! … Zum Glück ist Maxims Vater nicht da."

„Was nicht ist, kann noch werden", sagte Isha und knabberte wieder nervös an ihrem Fingernagel.

„Hoffentlich nicht!", murmelte Anton.

Mesut beobachtete weiter: „Jetzt gehen sie in sein Zimmer. Mist, ich sehe nichts mehr."

Isha und Anton hielten die Anspannung kaum mehr aus.

„Swati! Denk an die Vorhänge!", flehte Mesut. In diesem Moment zog Maxim die Vorhänge auf.

„Ahhh, sie macht das sehr gut", lobte Mesut. „Das war gut angelegtes Geld."

Isha schnaubte: „Sehr komisch, Mesut."

„Was machen sie jetzt?", wollte Anton wissen.

„Swati sagt etwas, und Maxim lächelt sie an. Digga, der ist so verknallt … Er verlässt das Zimmer und geht in die Küche. Er macht ihr tatsächlich einen Cappuccino, ich schnall ab … Swati rennt zum Blechschrank und holt dein Dietrich-Schlüssel-Set raus … Ah! Sie braucht es gar nicht, weil der Schrank offen ist."

„Komisch!", stellte Anton fest.

„Wahrscheinlich hat er keine Angst, dass Swati ihn beklaut!", kicherte Isha.

Mesut fuhr fort: „Swati sucht den Schrank ab. Sie holt ihr Handy raus und macht Fotos. Gutes Mädchen."

Und schon machte es PING auf Ishas Handy. „Da: Sie hat uns Fotos vom Schrank geschickt."

„Zeig mal. Krass, das sind ja wirklich megaviele Handys", sagte Anton.

„Das Diebesgut!", sagte Mesut, der kurz das Fernglas abgenommen hatte, um sich die Fotos anzuschauen.

„Kannst du Oma Dinkys Handy entdecken?", fragte Anton.

„Nein. Swati soll in Maxims Rucksack nachschauen, ich schreib ihr", sagte Isha.

„Jetzt bin ich dran", sagte Anton und verlangte nach dem Fernglas. Doch Mesut ließ es sich nicht aus der Hand nehmen.

„Nur noch ganz kurz. Es ist gerade so spannend!"

„War ja klar", sagte Anton genervt.

„Komm schon, ich observiere auch extra gut", sagte Mesut und fuhr mit seiner Beobachtung fort: „Swati liest sich deine Nachricht durch. Sie zeigt uns einen Vogel ... Jetzt schaut sie sich im Zimmer um ... Sie hat Maxims Rucksack in der Hand und durchwühlt ihn. Oh nein, da kommt Maxim mit dem Cappuccino! Schnell weg, Swati!"

Es war so spannend, dass Anton und Isha der Atem stockte.

Mesut berichtete weiter: „Sie setzt sich wieder aufs Bett und tut so, als ob nichts wäre. Sie ist so ein Profi. Als ob sie dauernd Fake-Dates machen würde."

„Wundern würde es mich nicht", meinte Isha.

„Swati lächelt und trinkt den Cappuccino. Sie plaudert mit ihm. Jetzt steht sie auf. Sie gibt Maxim ein Küsschen auf die Wange und verlässt die Wohnung ... Das Gesicht von Maxim müsstet ihr sehen. Er sieht aus wie ein Stern, der sein Licht verlor."

„Wow, wie schön das klingt!", sagte Anton, und auch Isha nickte beeindruckt.

„Das sagt man so im Türkischen", meinte Mesut. „Los, Isha: Du musst Swati anrufen, bestimmt hat sie was im Rucksack entdeckt!"

Die kombinierte: „Du meinst, weil sie so schnell die Wohnung verlassen hat? Ich ruf sie an!"

Isha wählte Swatis Nummer und fragte: „Und? Was war in dem Rucksack drin?"

Sie hörten Swati sagen: „Noch mehr Handys, aber nicht das von Oma."

„Das gibt's doch gar nicht!", rief Mesut frustriert.

„Ich glaube übrigens nicht, dass er Omas Handy geklaut hat", sagte Swati.

„Wie kommst du darauf?", fragte Isha.

„Viel zu harmlos, der Typ."

„So was kann auch nur Swati sagen", flüsterte Mesut.

Durch Ishas Handy hörten sie Swati sagen: „Ich sag dann mal: Ciao-Kakao."

„Swati, bitte. Wir brauchen dich! Hat er noch irgendetwas Verdächtiges gemacht oder gesagt? Jedes Detail ist wichtig!"

„Nix da. Ich hab meinen Teil der Verabredung erledigt", sagte Swati. Dann fiel ihr ein: „Er hat die ganze Zeit von einem „wichtigen Geschäftstermin" geredet, den er heute Abend noch hat. Aber damit wollte er mich nur beeindrucken."

„Ein wichtiger Geschäftstermin. Was kann das sein?", fragte Anton.

„Der will bestimmt heute Abend weitere Handys verkaufen“, sagte Isha.

„Wir müssen ihm zuvorkommen!“, rief Mesut.

„Bitte, Swati, wir brauchen dich noch einmal als Lockvogel, du warst so gut.“

„Ich weiß, dass ich gut bin. Ich weiß aber auch, dass ihr kein Cash mehr habt. Deswegen schminkt euch das ab.“ Mit diesen Worten legte Swati einfach auf.

„Alter Falter! Bei so einer Schwester bin ich froh, dass ich Einzelkind bin“, stellte Anton fest. Isha nickte wissend.

Bevor die Detektive überlegen konnten, was sie nun machen sollten, hatte Isha schon wieder eine Schwester am Telefon. Diesmal war es jedoch Ishas Lieblingsschwester Charu, die sich per Videoanruf aus der Villa von Ishas Onkel meldete.

Charu studierte in einer anderen Stadt Jura, weil sie Rechtsanwältin werden wollte. Sie war extra angereist, um Oma Dinky zu besuchen, und sah nun ziemlich fassungslos aus. Im Hintergrund sahen – und vor allem hörten – die Hochhaus-Detektive Oma Dinky auf der Wohnzimmercouch schnarchen.

„Was ist passiert? Omas Handy wurde gestohlen?“, wollte Charu wissen. Aufgeregt erklärte Isha ihr, wie es dazu kam.

„Wenn ihr euch so sicher seid, dass Maxim der Täter ist, dann müssen wir jetzt sofort die Polizei informieren“, sagte Charu aufgebracht.

Anton und Mesut erklärten Charu, warum das nichts bringen würde. Charu verstand ihre Argumente: „Das stimmt.

Solange es keinen Verdacht auf eine schwere Straftat oder die sogenannte ‚Gefahr auf Leib und Leben' gibt, unternimmt die Polizei bei einem einfachen Handydiebstahl nichts. Aber wenn Maxim so professionell Handys klaut, dann interessiert sie sich sehr wohl dafür. Und die haben noch mal ganz andere Möglichkeiten, jemanden zum Reden zu bringen."

„Hoho, Charu, hast du uns bei unserem letzten Fall nicht erklärt, dass ein Jugendlicher niemals ohne seine Eltern verhört werden darf?", fragte Mesut.

Charu antwortete Mesut: „Wer sagt denn, dass seine Eltern nicht dabei sind. Ich rufe jetzt sofort die Polizei an!"

Plötzlich bekamen die Hochhaus-Detektive ein ungutes Gefühl im Bauch.

„Dann muss Maxim mit seinem Vater zur Polizei?", fragte Anton.

„Dann tut er ja sogar mir leid", seufzte Mesut.

Isha druckste herum: „Sooo sicher sind wir auch nicht. Wir befinden uns mitten in der Beweismittelsammelphase. Oma Dinky weiß, dass wir an dem Fall dran sind. Wir melden uns später noch mal bei dir."

„Moment mal! Was habt ihr vor?", fragte Charu, die ihrer Schwester Isha an der Nasenspitze ansah, dass sie etwas plante. Doch Isha hüllte sich in Schweigen.

Deswegen sagte Charu: „Ich komme heute Abend sowieso noch bei euch im Hochhaus vorbei. Dann können wir uns oben in eurem Büro treffen. Oma ruht sich immer noch bei Onkel aus, und ich will ein bisschen Ma und Pa unterstützen."

Sofort als sie das Gespräch beendet hatten, platzte Isha mit ihrer Idee heraus: „Leute, ich hab's!“

Mesut und Anton schauten Isha erwartungsvoll an.

„Wir machen selbst ein Kreuzverhör und treiben Maxim in die Enge.“

Mesut strahlte Isha an: „Yeah! Ein Kreuzverhör! Das ist die beste Idee seit Langem!“

Nur Anton zögerte noch: „Sollten wir das nicht lieber denen überlassen, die sich damit auskennen, also der Polizei?“

„Hallo? Ich habe eine Million Videos über Kreuzverhöre auf YouTube gesehen. Ich kenne mich bestens damit aus, wie ein Kreuzverhör abläuft“, prahlte Isha.

„Und ich habe hundert Millionen Kreuzverhöre im Fernsehen gesehen“, trumpfte Mesut auf. „Ich weiß, wie wir das Vögelchen zum Singen bringen.“

„Meint ihr wirklich, dass schaffen wir?“, zweifelte Anton.

„Klaro!“, grinste Mesut, und Isha sagte: „Ich hab neulich auf YouTube Shorts gesehen, woran man erkennt, wenn jemand lügt: Ein normaler Mensch erzählt eine Geschichte immer leicht anders, schmückt sie mal so oder mal so aus, je nachdem, wie er sich gerade fühlt. Ein Lügner hingegen erzählt immer genau die gleiche Geschichte, weil er sie ja nicht erlebt hat und deswegen nicht links und rechts ausschmückt.“

„Meganice, Isha“, freute sich Mesut. „Wir werden Maxim an seinen Lügen erkennen. Das wird so fett!“

Isa und Mesut klatschten sich ab.

„Leute, ihr könnt gerne das Kreuzverhör machen und *good-cop-bad-cop* spielen. Ich werde auf jeden Fall so einen coolen, verspiegelten Polizeispiegel bauen, hinter dem ich alles heimlich filmen werde", sagte Anton.

„Polizeispiegel? Brauchen wir den wirklich?", fragte Isha.

„Natürlich! Hast du schon mal ein Kreuzverhör ohne Polizeispiegel gesehen?", fragte Anton beleidigt.

„Ohne Polizeispiegel ist es kein Kreuzverhör", pflichtete Mesut ihm bei. „Aber was bedeutet *good-cop-bad-cop*?"

Isha erklärte: „So heißt eine übliche polizeiliche Vernehmungsstrategie: Zuerst ist ein Polizist freundlich zu dem Verdächtigen, damit der ihm vertraut. Das ist der *good cop*, also der gute Polizist. Dann kommt der andere Polizist und stellt extra fiese Fragen, sodass der Verdächtige Angst bekommt. Das ist der *bad cop*. Dann wechseln sich „Guter-Polizist-Fieser-Polizist" so lange in ihren Fragen ab, bis der Vernommene zermürbt ist und er schließlich gesteht."

„Okay, cool. Genau so machen wir das", meinte Mesut.

„Die Frage ist nur, wo machen wir das Kreuzverhör?", fragte sich Isha. „Hier auf dem Dach ist nicht der richtige Ort."

„Wir könnten es bei Deniz hinten im Lagerraum machen", überlegte Anton. „Da ist es schön dunkel, da funktioniert das mit meinem Polizeispiegel auch besser."

„Bist du dir wirklich sicher mit dem Polizeispiegel? Wie willst du den überhaupt bauen?", fragte Isha.

„Das lass mal meine Sorge sein. Da gibt's jede Menge DIYs auf YouTube zu."

„Dann stellt sich jetzt nur noch die Frage, wie wir Maxim in den Lagerraum bekommen?“, überlegte Isha.

„Kannst du nicht doch noch mal Swati anrufen?“, fragte Mesut.

„Ich glaub nicht, dass sie noch mal mitmacht. Aber ich kann's versuchen.“ Isha wählte Swatis Nummer, doch die drückte sie einfach weg und schickte ihr obendrein einen Mittelfinger-Emoji.

„Deine Schwester ist so hart drauf“, stellte Mesut fest. „Und wie bringen wir jetzt Maxim dazu, zum Kiosk zu kommen?“

Anton stand auf und lief auf dem Dach hin und her. „Was ist los?“, fragte Mesut besorgt.

„Ich glaube, ich habe eine Idee“, sagte der und lief weiter. „Ich musste gerade noch mal an Maxims verliebtes Gesicht denken. Der Junge ist doch total verknallt. Das nutzen wir aus: Wir tun einfach so, als ob wir Swati sind.“

„Wie das denn?“, fragte Mesut ungläubig. Isha fand diese Idee völlig absurd.

„Wir schreiben ihm in Swatis Namen eine Nachricht. Dass sie ihn zu einem neuen, heißen Date im Lagerraum treffen möchte!“

„Kannst du bitte das Wort ‚heiß‘ im Zusammenhang mit Swati vermeiden?“, ächzte Isha.

„Aber wie sollen wir ihm eine Nachricht schreiben, wenn sie nicht mitmacht?“, wollte Mesut wissen.

„Wir schreiben ihm ganz oldschoolmäßig einen Brief und unterschreiben mit Swati“, grinste Anton.

„Genial!“, rief Mesut.

Isha überlegte: „Swati hat so pinkes Briefpapier, das könnten wir nehmen. Ihre Schrift kann ich easy fälschen – so oft wie ich ihre Hausaufgaben machen musste. Ich hol schnell das Papier.“ Und schon war Isha weg.

Kurz darauf war sie wieder da. Mit dabei hatte sie nicht nur das pinke Briefpapier von Swati, sondern auch eine noch pinkere Flasche Parfüm.

„Wozu das denn?“, fragte Mesut und schnupperte vorsichtig an dem Flakon. Was er da roch, war zu süß für diese Welt.

„Na, um damit den Brief so liebesmäßig einzusprühen!“, sagte Isha.

„Brutal“, grinste Mesut.

Isha setzte sich an den Tisch, legte sich Swatis Briefpapier zurecht und fragte: „Was soll ich schreiben?“

„Keine Ahnung!“, stöhnte Anton. Mesut wusste jedoch sofort Rat und diktierte Isha, die in Swatis Handschrift mitschrieb:

Liebster Maxim

„Meinst du wirklich, ich soll ‚Liebster‘ schreiben?“, fragte Isha.

„Lass mich mal machen“, sagte Mesut und fuhr fort: „Also:

Liebster Maxim,
entschuldige, dass ich vorhin so schnell losmusste.
Ich würde dich gern wiedersehen, der Gedanke
daran lässt mein Herz erglühen.

„Alter! Das ist viel zu schwülstig!“, rief Anton.

„Nix da, ich weiß, was Maxim jetzt braucht“, sagte Mesut.

„Woher weißt du das?“, fragte Isha.

„Frag nicht, schreib“, befahl Mesut und diktierte weiter:

Lass uns heute um 18 Uhr im Lager bei Deniz treffen. Ich hab Deniz gefragt, er gibt uns 1 Stunde Zeit, um unsere Liebe zu erforschen.
Deine Swati

„Unsere Liebe erforschen?“, fragte Anton ungläubig.

„WÜRG! Das ist so widerlich“, stöhnte Isha, schrieb aber jedes Wort mit.

Mesut grinste: „So, und jetzt her mit dem Parfüm und zugeklebt. Ich schleich rüber zu Maxims Wohnung und schieb den Brief unter der Wohnungstür durch."

„Halt! Lass uns vorher schauen, wer zu Hause ist", sagte Anton und schnappte sich das Fernglas. „Ah, gut. Nur die Mama."

Mesut rannte mit dem Brief los. Isha und Anton sahen ihm hinterher.

„Dann steht ja unserem Kreuzverhör nichts mehr im Wege."

Um 17:30 Uhr, eine halbe Stunde vor dem großen Kreuzverhör, trafen die Hochhaus-Detektive im Lagerraum des Kiosks die letzten Vorbereitungen. Deniz hatten sie vorgeschwindelt, dass sie einen Detektivfilm mit einem polizeilichen Verhör drehen wollten. Sofort hatte der Kioskbesitzer ihnen den Schlüssel hinübergereicht.

Zwischen Bierkästen, Kartons voller Süßigkeiten und salzigen Snacks hatte sich Anton eingerichtet: Mit allergrößter Sorgfalt hatte er seinen Polizeispiegel aufgebaut, der aus einer Glasscheibe bestand, die er mit Silberspray angesprüht hatte. Ein alter Kleiderbügel diente ihm als Stativ für sein Smartphone. Den Raum hatte er so abgedunkelt, dass man ihn nicht sah, nur den Spiegel.

„Ich bin so weit!", rief Anton und checkte die Uhrzeit. „Nur noch 10 Minuten. Seid ihr auch fertig?"

Mesuts und Ishas einzige Aufgabe war gewesen, zu überlegen, wer welche Fragen im Kreuzverhör stellen würde.

Doch die beiden waren sich immer noch nicht einig.

Isha argumentierte: „Ich hab eine bombensichere Vernehmungsstrategie. Deswegen bin ich der böse Cop und du der liebe Cop."

„Spinnst du?", empörte sich Mesut. „Du bist ein Mädchen, du bist natürlich der liebe Cop und wickelst ihn schön um den Finger. Ich bin der coole, böse Cop und werde ihn in die Enge treiben." Mit diesen Worten holte Mesut aus seiner Hosentasche die verspiegelte Sonnenbrille seines großen Bruders Firat heraus und setzte sie auf.

Anton grinste anerkennend.

„Was sind das denn für blöde Klischees?", empörte sich Isha. „Seit wann sind Mädchen immer nur lieb? Ich kenn mich viel besser mit Verhören aus, deswegen bin ich natürlich der böse Cop."

„Aber du hast keine coole Sonnenbrille", argumentierte Mesut.

Da klopfte es an die Tür.

Anton checkte die Uhrzeit und flüsterte: „18:55 Uhr. Mist, Maxim ist zu früh."

Die Hochhaus-Detektive hörten, wie sich jemand vor der Tür räusperte und dann sagte: „Hallo, Swati, bist du da?"

Anton flüsterte: „Licht aus! Alle auf ihre Positionen!"

Mesut drückte auf den Lichtschalter, jetzt brannte nur noch die kleine Lampe am Chipsregal.

Isha flüsterte mit verstellter Stimme zurück: „Ja, ich bin hier!" Die Tür ging auf, und Maxim kam herein.

Er hatte sich extra ein schickes, blaues Hemd angezogen und hielt in seiner Hand eine rote Rose.

Als Isha und Mesut das sahen, verschlug es ihnen die Sprache. Mesut nahm seine Sonnenbrille ab. Mit einem Mal hatten sie wieder dieses sehr ungute Gefühl im Bauch.

Im nächsten Moment hatte Maxim auch schon kapiert, dass hier etwas oberfaul war.

„HABT IHR SIE NOCH ALLE?“, brüllte er. „Was ist das für ein bescheuerter Spiegel?“

Er marschierte zu Antons Polizeispiegel und schaute, was dahinter war. Als er Anton entdeckte, schrie er: „WAS SOLL DAS?“

„Äh, das ist ein Kreuzverhör“, sagte Anton kleinlaut.

„Ein Kreuzverhör?“, fragte Maxim fassungslos.

Als sie das Wort „Kreuzverhör“ hörten, kam wieder Leben in den *good cop* und den *bad cop*.

Isha atmete tief durch und rief: „Maxim! Wir haben deine Machenschaften durchschaut! Gestehe!“

Maxim schaute Isha an, als ob sie eine Außerirdische mit 111 Augen sei: „Hast du'n Rad ab?“

Doch Isha nahm jetzt erst richtig Fahrt auf: „Wo ist das Handy meiner Oma? Was hast du damit gemacht?“

„Keine Ahnung, was deine Oma mit ihrem Handy macht.“

Isha warf Mesut einen unmissverständlichen Blick zu, dass er auch mal etwas sagen sollte.

Mesut setzte seine verspiegelte Sonnenbrille wieder auf und sagte cool: „Komm schon, Maxim, wir wissen, dass du was mit Handys am Laufen hast. Jetzt ist ein guter Zeitpunkt, um dein Gewissen zu erleichtern."

„Hast du den Arsch auf? Was ist das hier für eine Scheiße?"

„Dann helfen wir dir auch und legen bei der Richterin ein gutes Wort für dich ein, damit du keine lange Haftstrafe bekommst …" Mesut legte seine Hand auf Maxims Schulter. „Rede dir mal alles von der Seele."

Maxim griff Mesuts Hand und hielt sie so fest, dass es Mesut wehtat: „Was redest du da von einer Haftstrafe? Ich glaub, bei dir hackt's!"

„Au! Lass mich los!" Mesut machte die Drehung, die ihm seine Kampfsportschwester Gizem gezeigte hatte, und befreite sich aus Maxims Griff.

Diesen Moment nutzte Isha und feuerte neue Fragen ab: „Was hat es mit deinem Blechschrank auf sich? Welchen Geschäftstermin hast du heute Abend? Triffst du dich wieder mit Keule? An wen verkaufst du die gestohlenen Handys noch?"

Plötzlich verstand Maxim.

„Ihr glaubt ernsthaft, ich würde Handys stehlen?"

„Wir haben dich beobachtet, wie du am Freitag einer unschuldigen Erstklässlerin das Handy abgezogen hast. Hier bei Deniz vorm Kiosk", sagte Isha.

Maxim musste erst mal nachdenken, um zu verstehen, wovon Isha redete. Dann sagte er: „Wow. Ich wusste ja, dass ihr dumm seid. Aber dass ihr so dumm seid, hätte ich nicht gedacht."

Die Hochhaus-Detektive sahen Maxim mit großen Augen an. Der hatte wieder seinen tödlichen Laserstrahlenblick und sagte mit Grabesstimme: „Habt ihr denn mit dem Mädchen gesprochen? Nee, oder? Dann hättet ihr erfahren, dass sie mir ihr Handy zur Reparatur gegeben hat, ihr Hohlbirnen. Wisst ihr nicht, dass ich einen Handy-Reparaturservice habe? Das weiß doch jeder. Ihr seid echt noch bescheuerter, als ihr ausseht."

„Einen was?", fragte Mesut entsetzt.

„Aber wo ist dann das Handy meiner Oma?", fragte Isha verzweifelt.

„Keine Ahnung, vielleicht hat sie es ja einfach nur verschusselt. Das passiert Omas ja mal ganz gerne."

„Und warum gibt dir Keule ständig Geld?"

„Der hatte sein Handy bei mir in Reparatur. Weil das Ersatzteil teurer war, musste er noch was drauflegen, ihr Vollpfosten."

Maxim knallte ihnen seinen Aufkleber auf den Tisch. Mesut nahm seine Sonnenbrille ab und starrte geschockt auf den Sticker: „MAXIMaler Handyservice" stand da. Maxim verließ den Lagerraum und schlug die Tür hinter sich zu.

Isha schaltete das Licht an und Anton die Kamera aus. Mesut starrte immer noch auf den Aufkleber.

Anton raufte sich die Haare, während Isha feststellte: „Das war ein Griff ins Klo."

Mesut konnte nicht aufhören, auf den Aufkleber zu starren: „Scheiße, das ist der Aufkleber, der auch an der Tür des Tresors klebte. Ich hab ihn nicht erkannt. Der Gleiche klebt auch im Fahrstuhl. Ich konnte das nicht so schnell lesen, ich bin so ein Loser."

„Im Nachhinein ist man immer schlauer", murmelte Isha, die es noch nicht wahrhaben wollte, wie schief das Kreuzverhör gelaufen war.

Da steckte Deniz seinen Kopf zur Tür hinein und fragte: „Was war denn mit Maxim? Habt ihr den irgendwie verärgert?"

Mesut, Anton und Isha sahen sich an: Es war sinnlos, jetzt noch weiterzulügen.

Mesut gab zu: „Wir haben ihn zu Unrecht verdächtigt, Handys zu stehlen und weiterzuverkaufen."

Deniz schüttelte den Kopf: „Dabei weiß doch jeder, dass Maxim einen Handyreparaturservice hat, das hätte ich euch auch sagen können."

„Warum hast du es uns dann nicht gesagt?", fragte Mesut.

„Weil ihr nicht danach gefragt habt."

„So eine Pleite", sagte Isha.

„Alle haben die ganze Zeit davon geredet, dass Maxim was mit Handys zu tun hat. Wir haben nicht richtig hingehört", seufzte Anton.

„Wir waren voreingenommen", sagte Isha.

„Und haben schlampig ermittelt“, sagte Anton. „Wir hätten die Erstklässlerin gleich befragen sollen.“

„Du hast es gesagt. Verdammt“, sagte Mesut.

„Oma Dinky hat gewusst, dass Maxim nicht der Täter ist“, sagte Isha.

„Aber wer hat denn nun ihr Handy gestohlen?“, fragte sich Anton. Die drei sahen sich ratlos an.

„Keine Ahnung.“ Isha zuckte hilflos mit den Schultern.

RRRRING, da bekam Isha einen Anruf von Charu, die mittlerweile bei Ishas Eltern im Hochhaus war und wissen wollte: „Was machen eure Ermittlungen?“

Isha zögerte einen Moment. Dann druckste sie herum: „Wir können jetzt immerhin ausschließen, dass Maxim der Täter ist.“

„Was ist passiert?“, fragte Charu misstrauisch. Weil die drei immer noch nicht mit der Sprache herausrücken wollten, sagte sie streng: „Wir treffen uns sofort oben bei euch auf dem Dach, und dann berichtet ihr mir jedes Detail.“ Isha, Mesut und Anton ahnten nichts Gutes.

Es dunkelte schon am Septemberhimmel, als sich das HD42-Ermittlerteam mit Charu auf dem Dach traf. Jetzt waren sie diejenigen, die verhört wurden. Und zwar von Charu, die aus allen Wolken fiel, als sie erfuhr, wie schlampig die Hochhaus-Detektive ermittelt hatten.

„Wir haben die Sache etwas falsch eingeschätzt“, gab Isha betreten zu.

„ETWAS?“, fragte Charu. „Mir scheint, es als ob hier einiges gewaltig schiefgegangen ist. Jetzt ist der Zeitpunkt, alle Fakten auf den Tisch zu legen. Was ist passiert? Ich will das jetzt genau wissen!“

Nachdem HD42 alles erzählt hatte, war Charu so geschockt, dass es ihr die Sprache verschlug. Nach einer gefühlten Ewigkeit sagte sie: „Habt ihr denn noch nie von ‚in dubio pro reo‘ gehört?“

„Nein, was soll das sein?“, fragte Isha.

„Das ist Lateinisch und bedeutet: Im Zweifel für den Angeklagten. Solange nicht eindeutig bewiesen ist, dass jemand schuldig ist, gilt die Unschuldsvermutung. Das heißt, ihr müsst die Person, die ihr verdächtigt, trotzdem als Unschuldige behandeln. Ihr müsst immer euren Verdacht überprüfen und gegenchecken. Darauf basiert unser ganzes Rechtssystem. Damit solche Fehler, wie ihr sie gemacht habt, nicht passieren.“

„Es sah alles so klar und logisch aus“, meinte Isha. „Maxim war der perfekte Tatverdächtige.“

„Klar: Der Fiesling muss natürlich auch kriminell sein. Ihr habt einen Unschuldigen verdächtigt!“

Die Hochhaus-Detektive sahen aus, als ob sie am liebsten die 21 Stockwerke in den Boden versunken wären.

„Wir hätten auch das mit Swati als Lockvogel nicht machen sollen“, warf sich Anton vor. „Das war echt eine bescheuerte Idee von mir.“

„IHR HABT WAS GEMACHT?“

Isha gab Anton ein Zeichen, dass er nicht weiterreden sollte. Doch Charu bestand darauf, dass die Hochhaus-Detektive ihr nun die ganze Wahrheit erzählten.

Danach ging Charu auf dem Dachboden umher und raufte sich ihre langen schwarzen Haare: „Um einen Übeltäter zu fangen, darf man doch nicht selbst üble Methoden anwenden!"

Isha murmelte kleinlaut: „Ich habe als Detektivin versagt."

„Ich schwöre, ich werde ab jetzt jeden Tag lesen üben", sagte Mesut.

„Und ich schwöre, ich werde nie wieder jemanden verdächtigen, ohne vorher dreimal gegenzuchecken", sagte Anton.

Mesut fragte Isha: „Willst du nicht auch etwas schwören?"

„Ich denke noch darüber nach", sagte Isha zerknirscht.

Eine lange Zeit sagte keiner von ihnen mehr etwas.

Dann fragte Charu: „Und wer hat jetzt Omas Handy?"

Die Hochhaus-Detektive sahen sich an und zuckten ratlos mit den Schultern. Niedergeschlagen und enttäuscht von sich selbst gingen sie nach Hause.

DIE HD42-HANDYREGELN

Als Isha am nächsten Morgen ins Detektivbüro kam, waren ihre Kollegen längst da.

Anton stand auf einem Bein, hielt seine Hände wie beim Gebet vor der Brust und machte die Yoga-Baum-Stellung. Mesut wiederum saß auf der schwarzen Ledercouch und las konzentriert in einem von Antons Comics.

„Da kommst du ja endlich“, sagte Anton zu Isha. „Wir müssen doch rauskriegen, wo das Handy deiner Oma ist.“

Isha nickte.

„Aber zuerst muss ich euch eine wichtige Mitteilung machen.“

Neugierig löste sich Anton aus der Baum-Stellung und setzte sich neben Mesut. Beide sahen ihre Freundin gespannt an. Die zog nun aus ihrer Hosentasche einen Zettel und faltete ihn auseinander. Dann las sie in feierlichem Ton vor:

„Liebe Kollegen und Freunde!“

Mesut konnte ein Kichern nicht mehr unterdrücken. Anton schaute ihn streng an, dass er damit aufhören soll.

Isha fuhr fort: „Es tut mir leid, dass ich in letzter Zeit so unkonzentriert war. Ich war abgelenkt und unprofessionell.

Mein Handykonsum hat unseren Ermittlungen geschadet. Auch unsere Freundschaft habe ich vernachlässigt, dabei bedeutet sie mir sehr viel." Jetzt holte Isha in einer großen Geste ihr Smartphone aus der Hosentasche und sagte: „Deswegen werde ich jetzt hier und vor euren Augen YouTube von meinem Handy löschen."

„Ach, hör schon auf, Isha! Ich häng doch selbst dauernd am Handy", rief Mesut.

„Und das ist nicht gut, Mesut", warnte Isha ihn. „Auch du solltest dringend über deinen Handykonsum nachdenken. Willst du nicht Candy Crush löschen?"

„Äh – nein?"

„Ich tue es nämlich jetzt. Ta-ta-ta-taaa!" Dann entfernte Isha die YouTube-APP von ihrem Handy.

„Wau", machte Mesut und klatschte wie in Zeitlupe in seine Hände. „Das war aber ein bisschen dick aufgetragen, oder?"

Auch Anton meinte: „Es geht doch nicht darum, dass wir unsere Handys nicht mehr nutzen – sondern, dass wir sie SCHLAU NUTZEN."

„Echt mal, Isha!"

„Es war mir einfach wichtig", sagte Isha und steckte den Zettel wieder ein. „Ich fange ein neues Leben an, und das will mit euch teilen."

„Du bist so eine Dramaqueen", lachte Mesut.

„Musst du gerade sagen", grinste Isha.

„Jetzt setz dich doch erst mal zu uns", meinte Anton und klopfte auf den freien Platz neben ihm auf der Ledercouch.

„Handys sind toll, und ich liebe das Internet. Ich mein: Was wären wir ohne es?“

Die drei Freunde hielten kurz inne und dachten über diese tiefsinnige Frage nach.

Nach einer Weile sagte Isha: „Was ich nicht verstehe: Sonst schreiben uns die Erwachsenen ständig alles vor. Aber Handyregeln haben sie keine für uns.“

„Wie gesagt: Die meisten Erwachsenen sind DAUs.“

„Ich will aber kein DAU sein!“, sagte Isha.

„Ich auch nicht. Ich will ein Internetchecker sein!“

„Hey, wir könnten doch unsere eigenen Regeln aufstellen?“, überlegte Isha.

„Super Idee, Isha! Lass uns Regeln aufstellen“, meinte Mesut. „DAS WAR EIN SCHERZ.“

Aber wenn Isha eine Idee hatte, ließ sie sich davon nicht abbringen.

„Ernsthaft, Leute: Wir stellen unsere eigenen Handyregeln auf! Damit wir uns nie wieder so blamieren.“

„Ich weiß nicht“, meinte Mesut.

„Ich find das eine Spitzenidee. Mir fallen auch sofort welche ein“, meinte Anton und holte aus seiner SPEZIALKISTE einen Stift und Papier.

Dann schrieb er die HD42-Handyregeln auf:

HANDYREGELN!

1. Bei unseren Treffen ist das Handy aus.
2. Internet ist nur zu beruflichen Zwecken erlaubt.
3. Wir sichern unsere Handys ab und verwenden starke Passwörter.
4. Wir fallen nicht auf Dark Pattern rein.
5. Wir checken immer alles dreimal gegen.
6. Wir überprüfen stets, ob die Quelle vertrauenswürdig ist.
7. Wir informieren uns ständig zum Thema Handysicherheit und teilen unser Wissen mit anderen DAUs.
8. Was du nicht willst, das man dir tu, das füg auch keinem andern zu. Das gilt auch im Internet. Logisch.
9. Wir gehen mit persönlichen Daten (also Fotos, Adresse, Telefonnummer) online so geizig um wie dieser Enterich aus Quakenhausen.
10. Sprachnachrichten nicht länger als eine Minute.

„Lasst uns zwei Minuten bei den Sprachis sagen“, schlug Mesut vor.

„Nix da“, sagte Anton streng. „Das wird dich motivieren, auch mal eine Nachricht zu schreiben.

Sein Freund seufzte: „Das sind harte Regeln“.

„Hart, aber gerecht“, meinte Anton, und Isha nickte: „Wenn wir die einhalten, werden wir wieder zu alter HD42-Form auflaufen.“

„Und was machen wir jetzt?“

Die Hochhaus-Detektive sahen sich an.

Anton grinste: „Jetzt machen wir Yoga, so wie in guten –“

„– alten Zeiten“, beendeten Isha und Mesut grinsend Antons Lieblingssatz.

„Wir müssen ermittlungstechnisch von vorne anfangen, da ist Yoga eine gute Maßnahme. Das wird unsere Konzentration schärfen“, gab Isha ihm recht.

„Wenn ihr meint“, seufzte Mesut.

Sie standen auf, stellten sich nebeneinander und nahmen die Adlerpose ein, denn die stärkt bekanntlich die Konzentration. Dazu wickelten sie ihr linkes Bein einmal um das rechte Bein. Auch die Hände flochten sie ineinander und hielten sie verschränkt vor ihren Köpfen.

Nach einer Weile fragte Anton: „Und, merkt ihr schon was? Wo könnte Oma Dinkys Handy sein?“

„Keine Ahnung, aber es fühlt sich voll gut an“, stellte Isha fest, und Mesut machte: „Ommmmm …“

Da klingelte ein Handy.

„Isha, das bist du“, sagte Anton.

Isha entknotete sich schnell und schaute nach: „Oha, das ist mein Onkel Kishan!“

Was Isha nun durch ihr Handy hörte, ließ sie kreidebleich werden. Anton und Mesut, die immer noch verknotet auf einem Bein standen, wollten wissen: „Was ist los?“

„Das ist Oma Dinky. Sie ruft von dem Handy meines Onkels an. Sie sagt, dass sie gerade ihre Mails am Computer checken wollte und nicht mehr in ihr Mailprogramm hineinkam. Und auch auf keine anderen Internetseiten. Sie kann sich nirgendwo mehr einloggen!“

Vor Schreck verlor Anton seine Balance und fiel zusammen mit Mesut um.

„Sie wurde gehackt! Ich hab's euch gesagt! Jemand hat ihr Passwort geändert.“

„Aber wie?“, fragte Mesut.

„Das ist babyleicht. Dinkys Handy ist nicht gesichert, der Dieb kommt sofort rein. Als Nächstes probiert er die Passwörter durch, die am häufigsten genutzt werden. Und zack – ist er auch da drin. Dann wählt er einfach ein neues Passwort, das nur er kann, und Dinky kommt nicht mehr rein. Hat sie ihr Bankkonto gesperrt?“

Isha fragte bei Oma Dinky nach und nickte.

„Puh, wenigstens das.“

„Was kann noch passieren?“, wollte Isha wissen.

„Wie bereits gesagt: In dem Moment, wo Verbrecher dein

Handy haben und du dich vorher nicht geschützt hast, können sie alles in deinem Namen machen: stehlen, betrügen, andere Menschen erpressen."

„Das ist ja schrecklich."

„Sag ich doch! Nur vorher glaubt es einem keiner."

Mesut legte seinen Arm auf Antons Schulter: „Du hast uns die ganze Zeit gewarnt." Anton nickte wissend.

Isha, die immer noch die aufgeregte Oma Dinky am Telefon hatte, rief: „Wir müssen den Täter finden, bevor er meiner Oma noch schlimmeren Schaden zufügt!"

Anton zückte sein Smartphone.

„Was ist die Mailadresse von deiner Oma? Ich recherchier mal, ob sie bereits für kriminelle Zwecke missbraucht wird."

Isha fragte bei ihrer Oma nach und diktierte Anton: „Dinkywinky@mailindia.com"

Isha verabschiedete sich von ihrer Oma und versprach ihr, sie schnellstmöglich zu informieren, sobald sie etwas herausgefunden hatten.

Unterdessen war Anton im Internet auf etwas Seltsames gestoßen.

„Oje: Ich befürchte, da verkauft jemand genau unter Oma Dinkys Mailadresse teuren Schmuck."

„WAS?", rief Isha.

„Hier, schau mal: Auf dieser Internetseite, wo man gebrauchte Sachen von anderen Leuten kaufen kann. Da verkauft Oma Dinky gerade eine Halskette für 5000 €. Krass."

Sie starrten zu dritt auf Antons Handy, auf dem sie ein Foto einer Perlenhalskette sahen. Unter dem Kaufangebot stand tatsächlich die Mailadresse Dinkywinky@mailindia.com und als Verkäufer: Dinky Devi.

„Das ist der Name meiner Oma!“, empörte sich Isha.

„Der Dieb tut so, als ob er deine Oma ist. Wenn jemand die Halskette kauft und das Geld dafür überweist, kassiert er das Geld einfach ein und verschwindet.“

„Alles im Namen meiner Oma!“, rief Isha und ließ sich geschockt auf die schwarze Ledercouch fallen.

„So sieht’s aus.“

„Wir haben es hier mit professionellen Verbrechern zu tun!“, freute sich Mesut und rieb sich die Hände – aber nur kurz, weil Isha ihn so böse anschaute, dass er sofort hinzufügte: „ÜBEL! Das ist so gemein.“

„Wenn das professionelle Verbrecher sind, dann tun sie das nicht zum ersten Mal“, überlegte Isha.

„Dann gab es vielleicht schon mal einen Fall in unserer Stadt“, kombinierte Anton.

Im nächsten Moment holten alle drei gleichzeitig ihr Smartphone heraus und befragten das Internet. Doch auch dieses Rennen ging mal wieder ganz klar an Anton, der in Recherchefragen einfach der Schnellste war.

„Hier, ich hab was: Es gibt richtig viele Fälle in unserer Stadt.“

Mesut las mutig: „Iden-ti-täts-dieb-stahl im Netz nimmt zu.“

„Super, Mesut!“, lobte Anton, und Isha klatschte. Mesut atmete stolz durch.

Isha las weiter: „Die Polizei steht vor einem Rätsel: Seit ein paar Monaten melden sich vermehrt Menschen, dass ihnen zuerst das Handy gestohlen wurde. Kurze Zeit später stellen sie fest, dass auch ihr Passwort im Internet geknackt wurde. Die Polizei ruft die Bevölkerung eindringlich dazu auf, ihre Smartphones zu schützen. Denn alle gestohlenen Handys waren nicht gesichert."

„Woher wusste der Dieb, dass die Handys alle ungesichert sind?", fragte Isha.

„Ja, das ist seltsam", stimmte ihr Anton zu.

„Zeig mal die Fotos", sagte Mesut, dem es zu anstrengend wurde, den Artikel selbst zu lesen. Lieber wollte er die Fotos von den Leuten anschauen, deren Handys geklaut wurden: „Die Apothekerin, der Bankdirektor und hier, das gibt's doch gar nicht: der Mann von der Bürgermeisterin!"

„Was haben die Leute gemeinsam? Was verbindet sie?", grübelte Isha.

„Sie haben alle Geld", stellte Mesut fest.

„Stimmt!", riefen Anton und Isha.

„Irgendetwas müssen sie noch gemeinsam haben. Wetten, dass uns diese Gemeinsamkeit zur richtigen Spur führt?", fragte Isha.

„Das sagt auch mein linker kleiner Zeh."

„Aber was könnte diese Gemeinsamkeit sein?"

Die Hochhaus-Detektive zermarterten sich den Kopf, aber kamen einfach nicht darauf.

„So kommen wir nicht weiter", stellte Isha frustriert fest.

„Jetzt schlag ich auch mal was vor: Lasst uns doch wie in guten alten Zeiten – “, sagte Mesut und zwinkerte dabei Anton zu: „– noch mal Tratak machen. Das hat doch bei unserem letzten Fall auch so gut funktioniert.“

Tratak ist eine uralte indische Konzentrationstechnik, die Oma Dinky Isha beigebracht hatte und Isha wiederum ihren Kollegen. Sie beruhigt den ruhelosen Geist und lässt Bilder aus den Tiefen der Erinnerung heraufsteigen.

„Spitzenidee“, sagte Isha, und Anton holte sofort aus seiner SPEZIALKISTE eine kleine Teelichtkerze und ein Feuerzeug heraus.

Isha zündete sie an und sagte mit feierlicher Stimme: „Wir schauen so lange in die Flamme, bis ich STOPP sage.“

Gemeinsam sahen die Hochhaus-Detektive in die Flamme. Nachdem Isha STOPP gesagt hatte, schlossen sie die Augen und konzentrierten sich auf das Bild der Flamme, das sie nun trotz geschlossener Augen auf ihrer Netzhaut sahen.

Sofort kam bei Mesut eine Erinnerung hoch: „Leute: Mir ist was eingefallen. Oma Dinky hat doch die ganze Zeit mit ihrem Handy fotografiert.“

Isha verstand sofort, was Mesut meinte: „Genial!“

„Jetzt sagt schon!“, bettelte Anton, der noch auf dem Schlauch stand.

Mesut erklärte: „Wir müssen rausfinden, wann sie das letzte Foto gemacht hat. Dann wissen wir ungefähr, wann das Handy geklaut wurde, und können so Rückschlüsse ziehen, wo es gewesen sein könnte.“

Anton applaudierte, und Isha sagte: „Megagut!“

Mesut freute sich über die erneute Anerkennung seiner Kollegen.

Sofort schaute Isha in ihrem Familienchat nach, in dem Oma Dinky die Fotos gepostet hatte. Das dauerte eine ganze Weile, denn Dinky hatte wirklich sehr, sehr viele Fotos verschickt. Schließlich hatte Isha es gefunden: „Das ist das letzte Foto, was sie gemacht hat: Das war im Café König.“

„Wann war das?“, fragte Anton.

Isha checkte die Uhrzeit.

„12:01 Uhr. War da etwas Besonderes? Ich kann mich nicht erinnern.“

Anton schaute sich das Foto lange an und stellte dann fest: „Das war auf jeden Fall nach der köstlichen Mousse, schaut: Unsere Teller sind leer.“

„Stimmt!“, sagte Mesut. „Außerdem haben wir da noch nicht unsere Ballons.“

„Der Ballonverkäufer kam, kurz bevor wir los sind“, erinnerte sich Isha.

„Vielleicht hat Oma Dinky das Handy auch im Bus liegen lassen, als sie uns diese unnormal spannende Geschichte vom Halstuchmörder erzählt hat“, überlegte Anton.

„Das könnte auch gut sein“, gab Mesut ihm recht.

„Nein, ich glaube nicht, dass der Täter zufällig das Handy gefunden hat. So professionell, wie der vorgeht, hat er diese Tat geplant. Also bewusst irgendwo das Handy gestohlen“, überlegte Isha. Anton und Mesut hielten ihre Daumen hoch.

„Endlich ist unser Superhirn wieder am Start!"

Isha lächelte und überlegte weiter: „Es könnte vom Café König bis zum Hochhausdach jeder gewesen sein, den wir getroffen haben, wobei wir Maxim ausschließen können."

Mesut und Anton husteten betreten.

„Vielleicht war es auch der Mann, mit dem Kawuppke unterwegs war?", fragte Anton.

„Unwahrscheinlich, dass so ein Anzugtyp einer älteren Dame das Handy raubt. Aber ausschließen können wir es natürlich nicht", meinte Isha.

„Der Anzugaffe stand doch im Fahrstuhl ganz weit weg von Oma Dinky", erinnerte sich Mesut. „Wie hätte er da an ihre Handtasche rankommen sollten?" Isha und Anton nickten.

„Ich schlage vor: Wir gehen zuerst ins Café König. Das war das letzte Mal, wo Oma Dinky ihr Handy mit Sicherheit bei sich hatte. Dort starten wir unsere Ermittlung. Diesmal machen wir es richtig und befragen systematisch alle Zeugen. Wir fangen bei der Kellnerin an", meinte Isha.

„Okay, los!", rief Mesut und sprang auf.

„Schon wieder zu Fuß ins Café König", stöhnte Anton.

„Hast du Geld für ein Busticket?", fragte Mesut.

„Blöde Frage. Du etwa?"

„Kommt schon: Wenn wir uns beeilen, sind wir in 15 Minuten da", rief Isha.

„Lasst mich wenigstens noch die wichtigsten Dinge einpacken", brummte Anton und kramte aus der SPEZIALKISTE seinen Rucksack für Außeneinsätze hervor. In diesen packte er Mesuts Fernglas, eine Flasche Wasser, Kabelbinder, Klebeband und was man aus Antons Sicht sonst noch so brauchte, wenn man unterwegs war.

„Boah, Anton! Was willst du denn noch alles mitnehmen?“, drängelte Isha.

„Können wir jetzt endlich los“, bat auch Mesut.

Nun holte Anton noch eine Packung Toast sowie eine Tube Remouladensoße heraus und machte ihnen einen Stapel Remou-Toasts klar.

„KEINEN EINZIGEN werde ich von diesem nährstofflosen Fraß essen“, sagte Isha.

Anton lächelte wissend und schmierte seelenruhig weiter.

IRGENDWAS IST DA FAUL ...

Erschöpft kamen die Hochhaus-Detektive am Rathausplatz an. Der Gedanke, dass jemand in Oma Dinkys Namen im Internet Verbrechen beging, hatte sie so angetrieben, dass sie fast den ganzen Weg gerannt waren.

Geschafft setzte Anton seinen Rucksack ab, holte die Flasche Wasser heraus und trank einen Schluck. Die Rathausuhr schlug zweimal, jetzt war es genau 14 Uhr. Eine Touristengruppe ging über den leeren Patz. Die Marktstände, die gestern hier noch gestanden hatten, waren abgebaut. Aus einer Seitengasse kam der Ballonverkäufer mit einem neuen Bündel prall gefüllter Heliumballons.

Die Freunde liefen über den Marktplatz zum Café König. Mesut wollte gerade Anlauf nehmen, um erneut zwischen den Pflanzenkübeln in den Außenbereich zu springen, da eilte die Kellnerin herbei.

„Zu wem wollt ihr? Welcher Tisch?“

Da Mesut noch nie einen Tisch reserviert hatte, wusste er nicht, was sie meinte, und zögerte kurz.

„Ähh, ja?“

Die Kellnerin sah Mesut eiskalt an.

Anton spürte wieder die unsichtbare Wand, die zwischen ihnen und dem Café König lag.

„Das ist hier die beste Adresse der Stadt, und so soll es auch bleiben“, zischte sie ihnen zu. „Seht zu, dass ihr Leine zieht.“

Es dauerte einen Augenblick, bis Mesut kapiert hatte, wie fies das war, was die Kellnerin gesagt hatte.

Schnell zogen Anton und Isha ihn weg. Denn hinter der Kellnerin war nun ihr grimmig aussehender Kollege aufgetaucht, der wie eine Mischung aus einem Gorilla und Pinguin aussah. Grummelnd zogen sich die Hochhaus-Detektive zurück.

Nach ein paar Metern hielten sie an, um sich zu beraten, wie sie jetzt weiter vorgehen sollten.

Mesut schimpfte: „So eine arrogante Schnepfe. Und dieser blöde Gorillapinguin. Spinnen die, uns so zu behandeln?“

„Die wissen, dass wir kein Geld haben“, sagte Isha. „Wobei sie schon unnormal unfreundlich waren.“

„Irgendwas ist da faul“, meinte auch Anton.

„Ich beginne sofort mit der Observierung“, sagte Mesut und holte sein Fernglas aus Antons Rucksack.

„Komm, wir suchen uns erst mal einen guten Platz, von wo aus wir nicht gesehen werden“, meinte Anton.

„Ja“, stimmte Isha ihm zu. „Sonst kommen die gleich raus und verscheuchen uns.“ Die Freunde sahen sich auf dem Marktplatz um.

Anton zeigte auf die Häusernische zwischen dem Rathaus und der alten Post: „Da ist doch perfekt! Dann können wir uns im Schatten der Rathauswand verstecken.“

Das HD42-Ermittlerteam bezog seinen neuen Beobachtungsposten. Mesut stellte das Fernglas scharf und startete die Observierung des Café Königs. Anton packte aus seinem Rucksack die Verpflegung aus, die er gepackt hatte: Er reichte die Wasserflasche herum und bot jedem einen Remou-Toast ein. Mesut nahm ihn dankend entgegen. Obwohl Ishas Magen bereits knurrte, lehnte sie entschieden ab.

Nach 15 Minuten stöhnte Mesut: „Es passiert einfach nichts! Die Kellnerin nimmt lächelnd die Bestellungen entgegen, und der Gorillapinguin bringt das Essen."

Er gab das Fernglas an Anton weiter und zwinkerte Isha zu: „Wir haben noch gar nicht gecheckt, ob das Café König WLAN hat?"

Isha zog misstrauisch ihre linke Augenbraue hoch: „Ich erinnere an unsere HD42-Handyregeln. Kein privater Handykonsum während laufender Ermittlungen, das haben wir uns geschworen."

„Warum wundert mich das nicht, dass du jetzt die neue Handypolizei bist?", stöhnte Mesut und suchte trotzdem die Umgebung nach WLAN-Netzen ab. „Na also: Koenig-Netz. Aber das WLAN ist gesichert ... Welches Passwort die wohl haben? ... Hm. Ich probiere mal: 123456 ... OMG, das ist es wirklich!"

Anton nickte wissend, und Isha rief: „Das gibt's doch gar nicht! Voll die DAUs."

„Bin drin", meinte Mesut. „Jetzt erst mal 'ne Runde Candy Crush."

„Wehe!“, drohte Isha.

„Das war ein Scherz“, sagte Mesut. „Ich glaub, ich muss mit dir mal einen Witz-Workshop machen.“

„Haha“, machte Isha. Unterdessen wählte auch Anton sich in das kostenlose WLAN-Netz ein.

Isha observierte weiter: „Alles wie gehabt. Die Kellnerin schiebt einem Jungen den Stuhl unter seinen Hintern.“

„Das hat sie gestern bei mir auch gemacht! Wie die plötzlich so fies sein kann.“

„Habt ihr nicht auch diese unsichtbare Wand gespürt?“

„Welche Wand?“, fragte Isha.

„Die Wand, die uns vom Café König trennt."

Mesut verstand sofort, nur Isha wusste nicht, von was Anton redete.

„War ja klar, dass du sie nicht gespürt hast. Du weißt ja auch, wie du dich im Café König verhalten musst, damit du nicht auffällst. Du kannst Englisch und Hindi und die Feine-Leute-Sprache."

Isha reichte das Fernglas weiter an Mesut und dachte darüber nach, was Anton gesagt hatte: „Okay, super. Das stimmt

vielleicht. Aber wie du weißt, wurde ich aus dieser Welt rausgeworfen. Das macht es auch nicht leichter."

„Aber du kennst wenigstens die Codes. Wir werden uns immer unsicher fühlen", sagte Anton und biss in seinen Remou-Toast.

„Jetzt ist aber Schluss mit den Problemgesprächen. Lasst uns lieber weiter überwachen", schlug Mesut vor.

Anton stellte das Fernglas scharf und berichtete: „Schaut mal, wie aufgeregt der Mann an dem Tisch ganz links ist! Er sucht alle seine Taschen ab. Es scheint, als ob er etwas vermisst!"

„SEIN HANDY!", riefen Isha und Mesut.

„Das kann kein Zufall sein", überlegte Anton.

„Ist dir jemand Verdächtiges aufgefallen?", fragte Mesut.

„Nein, das ist echt seltsam."

„Ich schau mal nach, ob es im Café König schon mal einen Handydiebstahl gegeben hat", sagte Anton und reichte das Fernglas an Isha weiter.

Sie staunten nicht schlecht, als Anton ihnen kurz darauf vorlas: „Die Polizei warnt die Bevölkerung, rund um den Marktplatz auf ihre Wertsachen zu achten. Allein im Café König wurden in den letzten Wochen 30 Handys gestohlen."

„So viele?", wunderte sich Mesut.

„Anscheinend ist die Polizei noch nicht darauf gekommen, dass die Handydiebstähle im Café König mit den geklauten Identitäten im Internet zusammenhängen könnten", kombinierte Isha.

„Jemand weiß hier ganz genau, dass man im Café König Handys stehlen kann, von Leuten, die Geld haben“, überlegte Anton.

Da fiel Mesut ein: „Erinnert ihr euch noch an die Leute, deren Handys geklaut wurden? Die Apothekerin, der Bankdirektor, der Mann von der Bürgermeisterin – die waren bestimmt alle hier essen. Bei der angeblich besten Adresse der Stadt.“

Die Rathausuhr schlug dreimal, jetzt war es 15 Uhr. Anton stöhnte: „Ich hab meiner Mama versprochen, dass ich heute Nachmittag was mit ihr mache.“

„Sag ihr, dass wir den Handydieb meiner Oma finden müssen!“

„Ich soll eigentlich auch noch mit meinen Schwestern spielen“, meinte Mesut.

„Das kommt überhaupt nicht infrage! Wir sind so nah dran den Fall zu lösen: Irgendwas Illegales geht im Café König vor“, sagte Isha.

„Aber in dem Tempo kommen wir nicht weiter. Und morgen ist wieder Schule“, sagte Anton.

„Wir müssen näher ran“, überlegte Mesut.

„Am besten wäre, wenn wir direkt im Café König observieren könnten“, seufzte Isha

„Aber dann schmeißt uns die Kellnerin hochkant raus“, grummelte Mesut. Die Hochhaus-Detektive dachten nach.

„Wir brauchen eine Person, die die Kellnerin nicht rauswirft. Jemand, der genau weiß, wie man sich in der Welt der

Reichen verhält“, überlegte Anton. Plötzlich hatte er eine Idee: „Wen kennen wir, die genügend Geld hat, um längere Zeit im Café König zu sitzen? Und unbedingt mit uns zusammen ermitteln will?“

„PAULINE!“, rief Isha begeistert.

„Oh nee“, machte Mesut.

„Komm schon“, sagte Anton, „sie wird sich bestimmt reinhängen.“

„Nicht dass sie am Ende noch denkt, sie gehört dann zu HD42.“

„Also, wenn sie uns hilft, den Handydieb meiner Oma zu schnappen, darf sie meinetwegen zu uns gehören“, meinte Isha, und Anton nickte.

„Aber höchstens als Außenposten“, grummelte Mesut und diktierte Anton Paulines Nummer. „Wahrscheinlich hat sie sowieso keine Zeit, sondern muss gerade Chinesisch lernen.“

Pauline ging sofort dran, als die Hochhaus-Detektive bei ihr anriefen. Und sie war völlig aus dem Häuschen: „Natürlich mache ich das! Natürlich habe ich Zeit! Gebt mir einen Moment, dann bin ich bei euch!“

„Halt, stopp!“, rief Anton. „Bevor du losgehst: Hast du noch ein zweites Handy?“

„Ich hab hier bestimmt noch fünf Handys rumliegen.“

Mesut und Isha warfen sich neidische Blicke zu.

„Kannst du so viele Handys wie möglich mitbringen? Das erklären wir dir gleich.“

„Okidoki!“

Exakt 13 Minuten später kam mit quietschenden Reifen ein Taxi über den Marktplatz gefahren. Hinaus stieg Pauline und winkte ihnen mit ihrer Handtasche zu.

„Alter, auffälliger geht's ja kaum“, stöhnte Mesut.

„Spinn ich oder ist sie gerade mit dem Taxi hierhergefahren?“, staunte Isha.

„Vielleicht spendiert sie uns ja nachher auch eine Taxifahrt“, träumte Anton.

Die Hochhaus-Detektive machten eine Geste, dass Pauline unauffällig zu ihnen kommen sollte. Freudestrahlend rannte sie zu ihnen.

„Hallöchen Popöchen, liebe Kollegen: Wie lautet unser Plan?“

„Für dich immer noch Hochhaus-Detektive, verstanden?“, brummte Mesut. Er musterte Pauline, wie sie dastand, mit ihrer Handtasche und ihrem rosa Poloshirt. „Und, hat deine Oma dich einfach so gehen lassen? Ich dachte, jeder Schritt von dir wird überwacht?“

„Meine Oma ist mit Waltraud jagen gegangen. Das dauert immer ewig, weil sie zum Glück nie treffen. Ich hab einfach mein Haupthandy in der Villa gelassen, dann denken Oma und meine Mama, dass ich noch zu Hause bin.“

„Verstehe ich nicht. Wie das denn?“, fragte Isha.

„Na, die haben so eine Überwachungs-APP auf meinem Handy installiert. Damit können sie die ganze Zeit sehen, wo ich bin.“

„Aber wenn deine Oma dich anruft und sie dich nicht erreicht?“, fragte Isha.

„Dafür hab ich mir eine Rufumleitung hierauf eingerichtet." Pauline hielt grinsend ein Handy hoch.

„Nice", sagte Anton, und Isha nickte anerkennend.

„Okay, was soll ich tun?"

„Siehst du das Café König da?", fragte Mesut.

„Ich bin ja nicht blind."

„Irgendwas stimmt da nicht."

„Das sagt auch mein linker kleiner Zeh."

Ein großes Fragezeichen stand nun in Paulines Gesicht.

Mesut erklärte ihr: „Anton hat einen besonderen Zeh, der weiß Dinge. So wie Oma Dinky Gedanken lesen kann. Wir arbeiten bei HD42 mit ganz speziellen Ermittlungsmethoden."

Das Fragezeichen in Paulines Gesicht wurde noch größer. Isha übernahm und erklärte: „Das Handy meiner Oma wurde gestohlen, und wir glauben, dass das Café König damit zu tun hat. Denn hier wurden in letzter Zeit viele Handys gestohlen."

„Und meine Aufgabe?"

„Du sollst reingehen und für uns spionieren", sagte Isha.

„Ohhh, ich wollte schon immer mal eine Spionin sein!" Pauline klatschte so begeistert in die Hände, dass Mesuts Nerven auf eine weitere harte Probe gestellte wurden.

Anton sagte schnell: „Zeig mal die Handys, die du mitgebracht hast."

„Ich konnte nur noch zwei finden. Mein Haupthandy liegt ja noch in der Villa. Die anderen hat meine Oma bestimmt wieder gespendet. Sie spendet ständig Sachen, ohne mich zu fragen." Pauline zeigte Anton die Handys, die sie mitgebracht hatte.

„Kein Problem, ich spiel da jetzt die Überwachungs-APP drauf."

„Ah, das ist so ähnliche Software wie die, mit der mich auch meine Oma und meine Mama überwachen."

„Cool, dann brauch ich dir ja nichts weiter mehr zu erklären. Oha, ich sehe gerade: Dein Handy hat nur noch wenig Akku."

„Das hält aber immer noch ewig", meinte Pauline.

„Wo ist denn eigentlich deine Mama?", wollte Mesut wissen.

„Och, die jettet um die Welt. Immer wichtig."

Anton erklärte weiter: „Das Köderhandy legst du so auf den Tisch, dass jeder es sehen kann. Vorher zeigst du, dass du es nicht gesichert hast."

„Warum das denn?"

„Wir wissen noch nicht, wer der Täter ist. Wir wissen aber, dass der Täter nur ungesicherte Handys stiehlt. Dann warten wir ab. Irgendwann wird der Dieb wieder zuschlagen. Das sagt mir mein kleiner Zeh."

Pauline blickte zu Antons kleinem Zeh und dann wieder zu Anton: „Das mit deinem kleinen Zeh ist echt total verrückt. Aber egal. Was passiert dann?"

„Sobald das Köderhandy gestohlen ist, passiert Folgendes: Über meine APP hier sehe ich genau, wo der Dieb mit dem geklauten Handy hingeht. Ich kann über die APP sogar die

Kamera auf dem Köderhandy aktivieren. Dann sehen wir, wer der Dieb ist."

„Cool!", rief Pauline, und auch Isha und Mesut waren begeistert von Antons Plan.

Der erklärte weiter: „Über dein anderes Handy, lass es uns dein Kontakthandy nennen, stehen wir die ganze Zeit telefonisch in Kontakt. Dazu setzt du dir jetzt die Kopfhörer auf, damit das keiner merkt."

Bei der Übertragung der Überwachungs-APP von seinem Handy zu Paulines stellte Anton erneut fest: „Hoffentlich müssen wir jetzt nicht mehr so lange auf den Dieb warten, damit der Akku reicht." Gespannt starrten alle auf den auf Antons Handys. „Okay, die APP ist installiert. Es kann losgehen, Pauline!"

„Aye, aye, Kapitän", sagte die und salutierte vor Anton, als ob sie eine Piratin auf einem Schiff wäre. Dann packte sie die beiden Handys in ihre Handtasche und schlenderte über den roten Teppich ins Café König.

„Boah, die geht mir jetzt schon so hart auf die Nerven", flüsterte Mesut Isha zu.

Auch Anton hatte sich seine Kopfhörer aufgesetzt und war mit Pauline über WhatsApp in Funkkontakt. Kurze Zeit später beobachtete Mesut, wie sich Pauline von der Kellnerin zu einem freien Tisch im Außenbereich führen ließ. „Mist! Von dort aus sehen wir doch nichts", schimpfte Mesut.

Anton informierte Pauline, die sich daraufhin an ihr rechtes Ohr tippte. Das war das Zeichen, dass sie verstanden hatte.

Lässig ließ sie sich einen anderen Tisch geben, mit der Begründung: „Das Sonnenlicht gefällt mir hier überhaupt nicht." Ohne mit der Wimper zu zucken, führte die Kellnerin sie sofort an einen anderen Tisch.

Dort bestellte sich Pauline erst mal eine heiße Schokolade. Dann holte sie das Köderhandy heraus, zeigte auffällig, dass sie es nicht gesichert hatte, und legte es dann gut sichtbar auf den Tisch.

Die Kellnerin brachte die Schokolade. Sehnsuchtsvoll musste Mesut zuschauen, wie Pauline sie trank.

„Ich ertrag das keine Sekunde länger." Freiwillig gab er das Fernglas an Isha weiter.

Gespannt beobachteten sie weiter, aber nichts geschah.

Zwanzig Minuten später ließ sich Pauline wohl oder übel eine zweite Schokolade bringen. Dazu noch einen Eisbecher und ein Modemagazin, in dem sie gelangweilt blätterte.

„Pauline weiß wirklich, wie man es macht", stellte Isha hungrig fest.

„Pfffh“, machte Mesut. „Gib mir Geld, dann kann ich das auch.“

Anton nickte und biss in seinen dritten Remou-Toast.

Die Zeit verstrich. Auf dem Marktplatz kam eine neue Touristengruppe vorbei, der Ballonverkäufer drehte wieder seine Runde. Die Rathausuhr schlug zur vollen Stunde. „Boah, jetzt ist es schon 16:00 Uhr“, meinte Anton.

Pauline jammerte durch Antons Handy: „Ich musste schon drei Schokoladen trinken und zwei Eisbecher essen. Ich kann nicht mehr!“

„Ich denke, ich kann hier für uns alle sprechen, wenn ich sage: MEIN MITLEID HÄLT SICH IN GRENZEN“, fauchte Isha, die mittlerweile solchen Hunger hatte, dass sie es nicht mehr aushielt. Wortlos reichte ihr Anton einen Remou-Toast hinüber.

Kurz darauf rutschte Pauline unruhig auf ihrem Stuhl hin und her.

„Was ist los?“, fragte Mesut misstrauisch, der gerade das Fernglas in der Hand hielt. „Sag nicht, dass du –“

„Ich muss ganz dringend auf Klo.“

„Auf keinen Fall: Wenn jetzt der Dieb kommt!“, befahl Isha durch Antons Kopfhörer.

„Sonst kannst du das mit dem Außenposten vergessen“, fügte Mesut hinzu und beobachtete, wie die Eltern an Paulines Nebentisch für ihre Zwillinge zwei Ballons von dem Ballonverkäufer kauften.

„Ich halt das nicht mehr aus – oh nein!“

„Was ist? Sie hat doch nicht etwa – ?“, fragte Isha.

„Nee, oder?“, rief Mesut und schlug sich frustriert die Hand vor den Kopf. „Einmal mit Profis arbeiten.“

Anton kicherte: „Hat sie wirklich –“

„Das Köderhandy ist weg!“, rief Pauline aufgeregt in ihren Kopfhörer.

Isha, Mesut und Anton sahen sich mit großen Augen an: Und keiner hatte es mitbekommen!

Schnell aktivierte Anton die Überwachungs-APP auf seinem Handy.

„Und: Was seht ihr?“, fragte Pauline durch Antons Kopfhörer.

Die Verbindung baute sich auf. Die Hochhaus-Detektive sahen auf der APP die Karte mit dem Marktplatz und das Köderhandy, das sich immer mehr entfernte. Sie blickten sich um, konnten aber niemanden erkennen.

Da blinkte es in der APP, und Anton rief: „Mist, der Akku ist gleich alle. Der Dieb entkommt! Wenn das Handy aus ist, kann ich es nicht mehr orten! Dann ist es tot!"

„NEIN!", schrien Mesut und Isha.

„Ich schau, ob ich ihn noch kriege!" Mesut rannte auf den Marktplatz und sah sich um nach allen Seiten um.

Doch es war alles so wie immer. Die Touristengruppe stand vor dem Rathaus, der Ballonkäufer drehte seine Runde. Weit und breit kein Handydieb.

„KACKE!"

„Er ist uns entwischt."

„Aber wie? Ist er ein Phantom?"

„Wir müssen noch mal von vorne beginnen", seufzte Anton und fragte über seine Kopfhörer: „Pauline, alles klar?"

„Ja, ich war nur kurz auf dem Klo."

„Wir müssen dir eine traurige Nachricht überbringen."

„Was denn?"

„Wir konnten den Dieb leider nicht kriegen."

„Okay."

„Das bedeutet: Dein Handy ist weg."

„Kein Problem."

„Bist du nicht traurig wegen deines Handys?", fragte Mesut in Antons Kopfhörer.

„Das war ja mein Zweihandy. Gibt Schlimmeres. Was machen wir jetzt?"

„Wir brauchen ein neues Köderhandy. Dann spiele ich da

die Überwachungssoftware drauf, und wir können es noch mal versuchen.“

Isha und Mesut schauten sich mit großen Augen an: Keiner von ihnen wollte das geliebte Handy als Köder hergeben.

DAS KÖDERHANDY

Anton atmete tief durch und sagte dann zu seinen Kollegen: „Einer von euch beiden gibt mir jetzt sofort sein Handy, oder es gibt hier gleich ein Backpfeifengewitter."

„Leute, ich will ja keinen Druck aufbauen", flüsterte Pauline von ihrem Außenposten durch Antons Kopfhörer. „Aber die Kellnerin schaut schon ganz komisch."

Isha und Mesut sahen sich verzweifelt an.

„Es hilft nichts."

„Lass uns Ching-Chang-Chong spielen."

„Du meinst: Schnick-Schnack-Schnuck."

„Papier, Stein, Schere – nenn es, wie du willst. Hauptsache, ich gewinne", meinte Mesut.

Doch leider wusste Isha jedes Mal genau, was Mesut als Nächstes nehmen würde. Ob sie dieses Talent von Oma Dinky geerbt hatte? Für Mesut gab es nun kein Zurück mehr. Spielschulden waren schließlich Ehrenschulden. Um nicht dabei zusehen zu müssen, drehte er sich weg und hielt sich die Augen zu, als er Anton sein geliebtes Handy überreichte. Der installierte im Handumdrehen die Überwachungssoftware darauf.

Doch dann fragte Mesut: „Aber was ist, wenn der Dieb mein Handy ausschaltet oder die SIM-Karte entfernt? Dann kann man es nicht mehr orten. Das hast du selbst gesagt!"

Anton nickte: „Stimmt. Ich weiß auch, was wir dagegen machen: Ich lad dir noch einen Trojaner drauf! Das habe ich neulich in einem Internetforum gelesen. Da gibt es einen einfachen Baukasten. Der Trojaner tut dann so, als ob dein Handy aus wäre, aber in Wirklichkeit können wir es immer noch orten."

„Was soll das sein?", fragte Mesut ungläubig. „Ich verstehe kein Wort."

„Ist das so was wie das Trojanische Pferd aus den griechischen Sagen?", wollt Isha wissen.

„Ja, genau. Ein Trojaner ist noch eine Nummer krasser als eine Überwachungs-APP. Darf eigentlich nur von der Polizei und dem Geheimdienst benutzt werden, aber wir machen mal eine Ausnahme."

„Und das funktioniert wirklich?", fragte Mesut.

„Hundertprozentig", lachte Anton. „Hier ist auch schon der Baukasten, und zack – hab ich dir das Programm installiert." Er übergab das fertige Köderhandy Isha. Die flitzte damit zum Außenbereich, um es Pauline zu bringen.

Da kam der riesige Gorillapinguin herausgelaufen und blaffte Isha an, was sie hier schon wieder wollte.

Sie stammelte: „Ich bin eine Schulfreundin von Pauline, sie hat ihr Handy bei mir vergessen." Pauline gab dem Kellner ein Zeichen, dass er Isha durchlassen sollte.

Schnell überreichte Isha ihr das Köderhandy und verschwand wieder.

„Ich kann gar nicht hinschauen", sagte Mesut und hielt sich die Augen zu.

Anton musste über Mesut lachen: „Keine Sorge. Ich hab alles im Griff."

Isha kehrte zu ihren Kollegen zurück, und die Hochhaus-Detektive starteten den zweiten Versuch.

„Mein armes Handy“, schluchzte Mesut.

Pauline legte Mesuts Handy auf dem Tisch als Köder aus.

Die Rathausuhr schlug fünfmal, jetzt war es genau 17:00 Uhr. Wieder kamen eine neue Touristengruppe und der Ballonverkäufer vorbei.

„Kennt ihr das Gefühl, wenn ihr genau die gleiche Situation schon mal erlebt habt?“, fragte Anton.

„Das nennt man Déjà-vu“, erklärte Isha. „Das ist Französisch und heißt ‚schon mal gesehen‘.“

„Ja, Frau Klugscheißerin“, meinte Mesut.

Isha grinste und erklärte weiter: „Meine Oma sagt immer, die Situation ist wirklich schon mal passiert. Nur in einer anderen Zeit.“

„Wahnsinn! Immer, wenn du so redest, habe ich das Gefühl, dass sich mein Kopf ausdehnt“, stellte Anton fest.

Mesut nickte: „Das klingt so abgefahren, Isha!“

„Das finde ich auch!“, sagte Pauline über Antons Kopfhörer.

Isha lachte.

„Fragt meine Oma.“

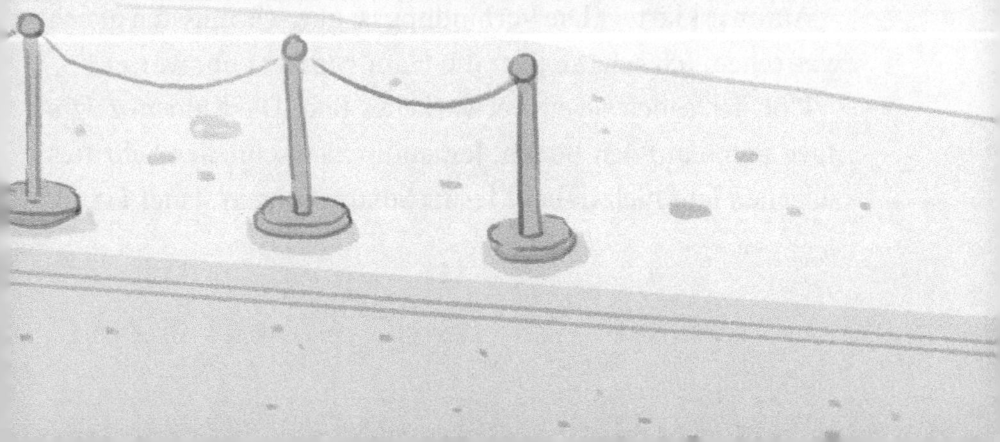

„Scheiße!“, rief Pauline.

„Musst du schon wieder aufs Klo?“, fragte Mesut besorgt.

„Das Handy!“, rief Pauline.

„WAS IST MIT MEINEM HANDY?“

Isha reichte Mesut das Fernglas hinüber: Das Handy war verschwunden!

„Anton, mach was!“ Mesut schlug sich vor Schreck die Hände vors Gesicht.

Aufgeregt aktivierte Anton die Überwachungssoftware auf seinem Handy, während Pauline die Kellnerin zu sich herwinkte, um schnell mit ihrer EC-Karte zu bezahlen.

Mesut hatte noch nicht einmal die Kraft, sich darüber aufzuregen, dass Pauline eine eigene EC-Karte besaß.

Er hielt sich mit seiner Hand an Antons Schulter fest und schaute dabei zu, wie der fieberhaft immer wieder versuchte, die APP zu starten.

„Atmen nicht vergessen!“, flüsterte Isha Mesut zu. Er schloss die Augen und atmete tief durch.

Da – endlich baute sich die Verbindung auf!

Die Hochhaus-Detektive steckten ihre Köpfe eng zusammen, damit sie nichts verpassten.

Anton erklärte: „Die Verbindung ist gut, wir müssten gleich was sehen. Ich schalte jetzt die Handykamera an, wartet.“

Plötzlich sahen sie ein verwackeltes Bild: Die Kamera zeigte nach unten auf den Boden. Jemand schien schnellen Schrittes zu gehen und hielt dabei Mesuts Smartphone in seiner Hand.

Sie sahen den Asphalt des Fußwegs und die braunen Lederschuhe der Person.

Pauline kam über den Marktplatz zu den Hochhaus-Detektiven geflitzt. Sie presste sich zwischen Anton, Mesut und Isha, um auch etwas zu sehen, sodass sie jetzt zu viert in Antons Handy starrten. Sie beobachteten, wie die Person plötzlich stoppte und Mesuts Handy hochnahm, um es sich genauer anzuschauen. Jetzt sahen sie das Gesicht: Es war der Ballonverkäufer.

„Dieser Mistkerl!", rief Mesut.

Nun sahen sie, wie er hinter dem Rathausplatz in eine Seitengasse einbog. Er eilte weiter, bis er zu einem weißen Lieferwagen kam. Dort verstaute er die Heliumballons im Kofferraum. Dann holte er sein eigenes Handy aus der Hosentasche und verschickte eine Sprachnachricht: „Ich hab wieder einen Schwung hübscher Ware. Treffpunkt wie immer. 19 Uhr. Und bring –"

Da riss die Verbindung ab, und das Display wurde schwarz.

„Was ist los?", fragte Isha.

„Er hat mein Handy ausgeschaltet, richtig?", ängstigte sich Mesut.

„Kein Problem", beruhigte Anton. „Wir haben ja zum Glück den Trojaner installiert. Damit kann ich ihn jetzt trotzdem orten. Ich muss nur mal schnell das Programm wechseln. Easy-peasy."

„Easy-peasy", rief Mesut. „Ich dreh gleich durch!"

„Ich öffne einfach ein neues Fenster und klicke dann auf …

Hm, wo muss ich noch mal klicken? …"

Erwartungsvoll schauten Isha, Mesut und Pauline Anton an, dem bereits Schweißperlen von der Stirn liefen.

„Wartet, ich hab's gleich … Oje, die Programmiersprache kenne ich gar nicht … Was mache ich jetzt? … Scheiße, scheiße, scheiße."

„ANTON!"

„Ich schaff es nicht. Ich kenn mich mit dem Programm nicht aus."

„DEIN ERNST? DER DIEB HAUT JETZT EINFACH MIT MEINEM HANDY AB?", schrie Mesut verzweifelt.

Der Gedanke daran zog ihm den Boden unter den Füßen weg. Mesut taumelte, sodass Isha und Anton ihren Freund stützen mussten, damit er nicht umfiel.

„Oh Mann, es tut mir so leid", sagte Anton. „Ich hab gedacht, ich krieg das hin."

„EASY-PEASY HAST DU GESAGT!", schrie Mesut. Dann musste er sich auf den Boden neben dem Rathaus setzen, er hatte keine Kraft mehr zu stehen.

„Mesut", sagte Pauline und legte ihre Hand auf seine Schulter. „Deine Eltern kaufen dir bestimmt ein Neues, wenn sie erfahren, was passiert ist."

Mesut schaute sie bitterböse an.

Pauline überlegte: „Spätestens zum Geburtstag?"

Jetzt schaute Mesut sie noch böser als bitterböse an. Die zögerte nun und fragte vorsichtig: „Äh, vielleicht zu Weihnachten?"

„Ich bin Moslem, du Knalltüte. Wir feiern kein Weihnachten."

„Äh … hehe", machte Pauline, und Anton sagte: „Jetzt halt einfach mal deinen Dudelsack."

Alle Farbe war aus Mesuts Gesicht gewichen. Kraftlos sagte er: „Und was machen wir jetzt?"

Isha überlegte: „Er hat gesagt, dass er um 19 Uhr dein Handy einem anderen Gangster übergibt. ‚Treffpunkt wie immer', hat er gesagt."

„Wo könnte das sein?", fragte Anton.

Isha checkte die Uhrzeit auf ihrem Smartphone: „Das ist in einer Stunde und 37 Minuten. Bis dahin fällt uns doch was ein!"

Mesut ließ seinen Kopf so hängen, dass er ihn mit seinen Armen stützen musste.

„Wir könnten uns aufteilen und die Verfolgung aufnehmen", rief Pauline. „Der Ballonverkäufer ist mit seinen Ballons ja von Weitem gut zu erkennen."

„Er ist in einen weißen Lieferwagen gestiegen. Die gibt es wie Sand am Meer", sagte Isha.

„Wenn wir ihn nicht finden, ist mein armes Handy für immer verloren", schluchzte Mesut.

Anton nahm seinen Freund in den Arm. „Es tut mir so leid."

„Du hast gesagt, dass du alles im Griff hast! Kein Problem, hast du gesagt!"

Nun ließ auch Anton den Kopf hängen.

Pauline gab nicht auf und überlegte: „Warum fragen wir nicht jemanden, der sich mit Handys auskennt? Es muss doch jemanden geben, der so einen Trojaner bedienen kann. Dem geben wir einfach Geld, und dann regelt der das für uns."

Mesut hätte nicht gedacht, dass er noch böser schauen konnte. Aber Pauline machte ihn noch wahnsinnig mit ihren Vorschlägen. Da ratterte es plötzlich in seinem Kopf: „Moment mal! Ich weiß jemanden, der sich mit Handys auskennt!"

„MAXIM!", schrien die Hochhaus-Detektive und klatschten sich ab. Aufgeregt rannten Mesut, Isha und Anton los – jeder von ihnen in eine andere Richtung.

„HALT! STOPP!", schrie Pauline ihnen hinterher. „Erstens: Wer ist Maxim? Und zweitens: Warum nehmen wir kein Taxi?"

Die Hochhaus-Detektive blieben stehen und kamen zurück zu Pauline.

Mesut fragte: „Du bezahlst uns ein Taxi?"

Pauline zuckte mit den Schultern: „Wir sind doch mitten in einer Ermittlung. Und so wie ich das verstanden habe, bleibt uns nicht mehr viel Zeit." Mit diesen Worten wählte Pauline die Nummer des Taxi-Unternehmens, als ob es das Normalste von der Welt wäre.

Kurz darauf stiegen Mesut, Anton und Isha staunend in das Taxi, das Pauline bestellt hatte. Mesut gab der Fahrerin den Auftrag, so schnell zu fahren, wie sie konnte. Die nickte und gab Gas.

Auf der Fahrt in die Hochhaussiedlung fassten die Hochhaus-Detektive für Pauline noch mal den aktuellen Ermittlungsstand zusammen.

Isha fing an: „Wir wissen jetzt, dass der Ballonverkäufer die Handys im Café König klaut. Er hat aber noch einen Komplizen, mit dem er telefoniert hat. Oder eine Komplizin, das wissen wir ja noch nicht."

„Ja, wir von HD42 achten immer ganz genau darauf, dass wir keine voreiligen Schlüsse ziehen, damit wir keine Unschuldigen verdächtigen", erklärte Mesut Pauline.

„Genau. Deswegen checken wir immer alles vorher dreimal gegen", sagte Anton, dann überlegte er: „Wer könnte der Komplize sein?"

„Der Ballonverkäufer hat gesagt, dass er ihm wieder einen Schwung Handys übergibt. Vielleicht ist der Komplize die Person, die die Identitätsdiebstähle durchführt“, sagte Isha.

„Interessante Theorie!“, meinte Anton. Pauline versuchte dem Gespräch der Hochhaus-Detektive zu folgen.

„Soll ich dir erklären, was ein Identitätsdiebstahl ist?“, fragte Mesut Pauline. Die nickte, und Mesut erklärte ihr stolz, was er von Anton gelernt hatte.

Als Pauline kapierte, dass es sich in diesem Fall um professionelle Verbrecher handelte, die nicht nur das Handy von Mesut und Ishas Oma, sondern womöglich auch des Mannes der Bürgermeisterin geklaut hatten, sagte sie: „Müssen wir dann nicht die Polizei rufen?“

Mesut schnaubte. Dann ließ er das Seitenfenster hinunter, lehnte seinen Arm lässig hinaus und sagte: „Ich möchte nicht deine Träume zerstören, Baby. Aber die Polizei wird uns auch nicht weiterhelfen.“

„Jetzt mach hier mal nicht so auf dicke Hose“, sagte Isha zu Mesut.

„Er hat gerade zu mir Baby gesagt“, meinte Pauline zu Isha.

„Ja, er hat manchmal so … äh … Anwandlungen. Die werden wir ihm schon noch abgewöhnen.“ Isha zwinkerte Pauline zu. Dann erklärte sie ihr: „Bevor wir zur Polizei gehen, brauchen wir noch mehr Beweise. Deswegen waren wir ja im Café König und haben dort ermittelt.“

„Damit wir nicht wieder falschliegen“, seufzte Anton. Isha und Mesut warfen ihm einen Blick zu, dass er die Klappe halten soll. Doch der redete weiter: „Ist doch wahr! So eine Blamage will ich nicht noch mal erleben."

„Alter, du bist einfach zu ehrlich für diese Welt", warf Mesut Anton vor.

Der aber konnte nicht anders, als Pauline die Wahrheit zu sagen: „Wir haben anfangs Maxim verdächtigt, der Handydieb zu sein."

„Moment Mal", meinte Pauline. „Der gleiche Maxim, zu dem wir jetzt fahren?" Isha, Mesut und Anton nickten schuldbewusst. „Wenn ich euch unterstützen soll, müsst ihr mir schon alles erzählen!"

Und so gestanden die Hochhaus-Detektive auf der verbleibenden Fahrt, wie sie Maxim zu Unrecht verdächtigt hatten und nun die Hoffnung hegten, dass ausgerechnet er ihnen weiterhelfen könnte.

BESUCH BEIM HANDYGOTT

Das Taxi stoppte am Parkplatz der Hochhaussiedlung. Die Fahrerin drehte sich nach hinten zu ihnen um und fragte: „Und ihr seid euch sicher, dass ihr hier richtig seid?"

„Hallo? Wir wohnen hier!", empörte sich Mesut.

„Wir sind HD42!", rief Isha.

„Die legendären Hochhaus-Detektive!", stellte Anton klar.

Dann stiegen die drei zusammen aus, während Pauline mit ihrer EC-Karte die Taxifahrt bezahlte.

Mesut hatte es nun sehr eilig. Er rief den anderen zu: „Jetzt macht schon! Wir haben keine Zeit zu verlieren." So schnell sie konnten, rannten sie zu Maxims Hochhaus.

Mit großen Augen folgte Pauline ihnen. Obwohl sie in der gleichen Stadt wohnte, war sie noch nie in der Hochhaussiedlung gewesen. Sie holte ihr Smartphone heraus und machte ein paar Fotos. Dann flitzte sie Mesut, Isha und Anton hinterher, die bereits vor der Klingelanlage standen.

„Wie heißt Maxim noch mal mit Nachnamen?", fragte Mesut und starrte auf die vielen Namen auf den Klingelschildern.

„Oh nee, keine Ahnung!", rief Anton und ging alle Namen hintereinander durch.

„Warum klingeln wir nicht irgendwo?“, schlug Isha vor.

„Der Hausmeister hier ist superkrass. Wenn der dich erwischt, dass du auf irgendeine seiner Klingeln drückst, dann platzt der Mond.“

„Mist. Dann müssen wir warten, bis jemand rauskommt und die Tür öffnet“, stöhnte Mesut. „Wie spät ist es?“

„18:05 Uhr“, sagte Anton.

„Das wird so knapp“, jammerte Mesut.

Pauline gab zu bedenken: „Aber dann wissen wir ja immer noch nicht, wo wir hinmüssen.“

„Das Stockwerk kennen wir von unserer Überwachung“, erklärte Isha.

„19. Stock, rechts“, fügte Anton hinzu.

Mesut hüpfte ungeduldig hin und her.

„Musst du aufs Klo?“, fragte Anton besorgt.

„Nein, stell dir vor: Ich bin einfach nur meganervös. SONST HABE ICH MICH IM GRIFF.“

Sofort hatte Anton wieder ein schlechtes Gewissen: „Tut mir echt leid, mit deinem Handy. Wirst du mir je verzeihen?“

„Das kommt ganz darauf an, wie die Sache ausgeht“, brummte Mesut.

„Jetzt sei mal nicht so streng zu Anton“, meinte Isha. „Er hat sich so reingehängt. So etwas kann passieren bei einer laufenden Ermittlung.“

„Du hast leicht reden, dein Handy ist ja auch nicht weg“, antwortete Mesut spitz und drückte sich sein Gesicht an der Glastür platt. „Da hinten kommt jemand.“

Die Eingangstür ging auf, und ein paar Jugendliche in Jogginghosen und tief ins Gesicht gezogenen Kapuzenpullis verließen das Gebäude. Während Mesut, Isha und Anton an ihnen vorbei zum Fahrstuhl liefen, blieb Pauline stehen und schaute ihnen staunend nach. Schnell holte sie wieder ihr Smartphone heraus und filmte die Jugendlichen.

Als Mesut das sah, bremste er und rannte zu Pauline zurück: „Hast du sie noch alle?"

„Aber das ist voll wie in einem Gangsta-Rap-Video!"

Auch Isha war umgekehrt und regte sich auf: „Schon mal vom Recht am eigenen Bild gehört?" Durch ihre Schwester Charu kannte sich Isha juristisch bestens aus. „Man darf nicht einfach jemanden filmen und irgendwo hochladen, ohne Zustimmung."

„Ihr habt ja keine Vorstellung, wie viele Likes mir das auf TikTok bringt!", rief Pauline.

Jetzt platzte Mesut der Kragen: „Du willst das auf TikTok stellen? Geht's noch?"

„Bist du so ein TikTok-Opfer und hängst die ganze Zeit in Videoschleifen rum?", empörte sich auch Isha. „Noch nie was von Dark Pattern gehört?"

„Was für Pattern?", fragte Pauline und steckte ihr Handy wieder ein.

„Dark Pattern", erklärte Mesut. „Also ehrlich: Ein bisschen mehr Handykompetenz hätte ich schon von dir erwartet", sagte er, während die drei zum Fahrstuhl liefen, in dem Anton bereits auf sie wartete.

Der musste schmunzeln, mit welcher Leidenschaft seine Kollegen Pauline die ganze Fahrt bis in den 19. Stock belehrten, dass sie dringend an ihrer Handykompetenz arbeiten müsse.

Als sie wenig später zu viert vor Maxims Wohnungstür standen, traute sich keiner von ihnen zu klingeln.

Pauline räusperte sich: „Was ich mich die ganze Zeit schon frage: Warum sollte Maxim euch eigentlich helfen, nach all dem, was passiert ist? Hat der nicht einen Riesenhals auf euch?"

Diese Frage hatten sich Anton und Isha insgeheim auch schon gestellt und keine Antwort darauf gefunden.

Aber Mesut sagte lässig: „Kein Problem, ich bin ein Meister der schnellen Ausrede. Mir fällt schon was ein."

Dann drückte er entschlossen auf die Klingel.

Doch als die Tür aufging, rutschte den Hochhaus-Detektiven das Herz in die Hosentasche.

Denn als Maxim sie sah, war er sofort maximal wütend: „Ihr wagt es, hierherzukommen? WAS ZUR HÖLLE WOLLT IHR HIER?"

Sofort senkten Anton, Isha und selbst Mesut, der Meister der schnellen Ausrede, beschämt ihre Köpfe und bekamen keinen Mucks mehr heraus.

Maxim wollte gerade wieder die Tür zuschlagen, da hatte Pauline eine Idee.

Sie lächelte Maxim an, machte sogar einen Knicks und flötete: „Guten Tag! Mein Smartphone wurde gestohlen. Und die Hochhaus-Detektive haben mir gesagt, sie würden einen Handygott kennen, der es wiederfinden kann. Obwohl es ausgeschaltet wurde."

„Handygott?", fragte Maxim und musste lachen. Schon sah er nicht mehr ganz so wütend aus.

Als Pauline merkte, dass sie mit ihrer Schmeichelstrategie Erfolg hatte, legte sie noch einen darauf und faltete ihre Hände: „Bitte, lieber Handygott: Hilf mir, ohne mein Handy kann ich nicht leben!" Dann presste sie eine überzeugend aussehende Krokodilsträne aus ihrem rechten Auge.

Niemals hätten die Hochhaus-Detektive es für möglich gehalten, dass Maxim ihr das abnehmen würde, doch der sagte tatsächlich: „Jetzt hör schon auf, ich kann keine Mädchen weinen sehen." Dann brummte er: „Meinetwegen. Ihr habt fünf Minuten Audienz beim Handygott. Aber zieht eure verdammten Schuhe aus."

„Ist doch klar", sagte Mesut, der niemals mit Straßenschuhen eine Wohnung betreten würde. Als er sie auszog, fiel Isha auf, dass Mesuts Füße viel zu groß für seine Schuhe waren. Sie wollte gerade etwas dazu sagen, da warf ihr Mesut einen todesernsten Blick zu, dass sie keinen Ton sagen sollte. Isha verstand und schwieg.

Maxim führte das HD42-Ermittlungsteam durch das Wohnzimmer, das sie die letzten Tage so oft durch ihr Fernglas gesehen hatten.

Anton sah sich vorsichtig um. Er war froh, dass Maxims Vater nicht zu Hause war. Er musste an seinen eigenen Papa denken, der sich immer noch nicht gemeldet hatte. Vielleicht hatte er eine neue Handynummer? Anton nahm sich vor, seine Mama heute Abend danach zu fragen. Dann eilte er seinen Kollegen in Maxims Zimmer hinterher, wo der sich bereits in seinem Schreibtischstuhl niedergelassen hatte.

Isha und Mesut standen ratlos im Raum herum, während sich Pauline einen der alten Computer anschaute, die sich überall befanden.

Neugierig sah sich auch Anton um. Er zeigte auf das Poster „Chaos Communication Camp 2023", das über Maxims Bett hing.

„Fährst du da hin?"

„Klar, ist ja nur alle vier Jahre. Woher kennst du das denn?"

„Och, ich programmiere auch ein bisschen Java und C++." Maxim nickte anerkennend.

„Und was sagst du zu Chat.GPT?", fragte Anton. „Beherrschen uns bald die Computer?"

Doch nun konnte sich Mesut nicht mehr beherrschen: „Ich unterbreche nur ungern eure Nerd-Plauderei, aber IN EINER STUNDE übergibt ein Gangster mein Handy einem anderen Gangster. Könnten wir uns vielleicht ein bisschen beeilen?"

„Ach, dein Handy ist auch weg?", grinste Maxim. Als er sah, dass Mesut schon fast die Tränen kamen, fügte er hinzu: „Also: Was wollt ihr Affen?"

Plötzlich fingen alle vier gleichzeitig zu reden an, und ein einziger, wirrer Worthaufen platzte aus ihnen heraus:

„Handy“ „DAU“
„Ungesichert“ „Oma Dinky!“ „Dark Pattern“
„Passwort“ „Identitätsdiebstahl“ „Überwachungssoftware“
„Café König“ „Überwachungs-APP“ „Ballonverkäufer“
„Köderhandy“ „Akku leer“
„Ausgeschaltet“ „Trojaner“ „Scheiße!“

„STOPP! ES REICHT!“, brüllte Maxim. „Nur einer von euch Knallköpfen redet, sonst krieg ich noch ’ne Macke.“

Die vier besprachen sich kurz und wählten Anton als Sprecher, weil der sich technisch am besten auskannte. Während er Maxim berichtete, was passiert war, setzten sich Isha, Mesut und Pauline auf das Bett.

Nachdem Anton fertig war, musste Maxim laut auflachen: „Du hast ernsthaft ohne Vorkenntnisse irgendeinen Trojaner aus dem Netz gezogen und installiert?“

Anton senkte schuldbewusst seinen Kopf. Er spürte den vorwurfsvollen Blick, den sein Freund Mesut ihm zuwarf.

Maxim dachte nach: „Das sind professionelle Gangster. Wir müssen die Polizei informieren.“

Die letzte Hoffnung wich aus den Gesichtern der Hochhaus-Detektive. Doch dann drehte sich Maxim mit dem

Schreibtischstuhl zu seinem Laptop und fügte hinzu: „Aber weil jeder weiß, dass Team Blau euch auch nicht weiterhelfen wird, wird sich der Handygott mal euer Problem anschauen. Gib mir dein Handy und lernt vom Meister.“

Ehrfürchtig reichte Anton sein Handy Maxim hinüber, der es mit einem Kabel an seinen Laptop anschloss. Dann begann er, wie wild auf seine Tastatur einzuhämmern.

In einem gebührenden Abstand stellte sich Anton hinter Maxim, um ihm über die Schulter zu schauen. Er warf seinen Kollegen bedeutungsvolle Blicke zu, dass es Maxim wirklich draufhatte.

Da hörte er, wie Isha Maxim fragte: „Bist du ein echter Hacker?“ Peinlich berührt versteckte sich Anton hinter dem Blechschrank.

Doch wenn Isha etwas wissen wollte, ließ sie nicht locker: „Wie wird man denn ein Hacker? Gibt es so was wie eine Hackerschule?“

Maxim blickte von seiner Tastatur auf und starrte Isha an: „Und Swati ist wirklich deine leibliche Schwester?“

„Leider ja“, seufzte Isha und wollte gerade weiter Maxim ausfragen, da lenkte Pauline Isha geschickt ab: „Zeigst du mir mal ein Foto von deiner Schwester? Sieht sie dir ähnlich?“ Isha schüttelte heftig den Kopf und holte ihr Handy heraus.

Anton und Mesut warfen Pauline einen dankbaren Blick zu.

Während Isha Pauline auf ihrem Handy Fotos ihrer Familie zeigte, schlich Mesut zum Blechschrank, um sich diesen endlich einmal von Nahem anzuschauen. Vorsichtig öffnete er die Tür: Das Innere quoll fast über vor Handys und Ersatzteilen. Da entdeckte Mesut den Aufkleber MAXIMaler Handyservice und zuckte zusammen. Schnell setzte er sich wieder auf das Bett neben Isha.

Plötzlich hörte das Tippen der Tastatur auf. Maxim drehte sich in seinem Schreibtischstuhl zu ihnen und sagte: „Okay, ihr Clowns. Jetzt geht’s los.“

Gespannt versammelten sie sich zu viert hinter Maxims Rechner, um genau zu sehen, was nun passierte. Mesut hielt sich vor Aufregung am Schreibtischstuhl fest.

Auf dem Laptop sahen sie jetzt eine Landkarte, auf der die Detektive die Umrisse ihrer Stadt erkennen konnten. Maxim drückte die ENTER-Taste. Plötzlich blinkte an einer Stelle ein roter Punkt.

Maxim las vor: „Laut der Koordinaten müsste das im Stadtpark sein. Irgendwo am Ententeich, würd ich sagen."

„Wahnsinn! Du bist der Beste!", jubelten die Hochhaus-Detektive.

„Habt ihr etwas anderes erwartet?", fragte Maxim und klappte seinen Laptop zu. Mesut hatte das große Bedürfnis, ihn zu umarmen, doch der winkte dankend ab.

„Kann ich ein Autogramm haben?", fragte Pauline.

„Willst du mich verarschen?", fragte Maxim. „Ich versuche, möglichst wenig Spuren zu hinterlassen."

„Leute, wir müssen los!", rief Mesut.

Isha checkte die Uhrzeit auf ihrem Handy: „Mist, in 20 Minuten ist es 19 Uhr."

Mesut bekam Panik: „Wie sollen wir nur so schnell zum Stadtpark kommen?"

Pauline fackelte nicht lange und bestellte über ihre APP ein weiteres Taxi.

Das HD42-Ermittlerteam hatte es nun extrem eilig. Sie rannten zur Wohnungstür und zogen sich in Windeseile ihre Schuhe an. Maxim sah ihnen dabei zu.

Dann sagte er: „Ich will mich ja nicht als eure Erziehungsperson aufspielen, ABER: Ist es nicht ein bisschen gefährlich, wenn ihr da alleine hinfahrt?"

„Wieso alleine? Wir sind doch zu viert“, sagte Mesut. Pauline strahlte ihn überglücklich an, worauf der beschwichtigte: „Mach dir bloß keine Hoffnungen, noch bist du in der Probezeit.“

Maxim sagte ernst: „Das sind professionelle Verbrecher. Die werden sich bestimmt nicht einfach so ergeben, wenn ihr da auftaucht.“

„Maxim hat recht“, sagte Anton, und auch Isha war der Meinung: „Wir müssen jetzt die Polizei informieren, damit sie auch zum Ententeich kommt.“

„Und dann sind die vor uns da, und alles geht schief. AUF KEINEN FALL!“, schrie Mesut, und Pauline nickte eifrig. So etwas Spannendes hatte sie noch nie erlebt.

Maxim musste über das HD42-Ermittlungsteam grinsen. Er schlug vor: „Lasst es uns so machen: Ihr steht die ganze Zeit mit mir in Funkkontakt. Sobald ihr den Verdächtigen seht, ruf ich Team Blau an.“

Alle nickten. „Abgemacht!“, sagte Anton.

Pauline schrieb Maxim die Handynummer ihres Kontakthandys auf.

„Hier, du kannst mich anrufen, ich habe einen Handyvertrag mit unbegrenztem Datenvolumen.“

Maxim wunderte sich: „Ich dachte, dein Handy wurde geklaut?“

„Das war nur mein Köderhandy!“

„Köderhandy. Wer kennt das nicht?“, grinste Maxim.

Da bekam Pauline eine Nachricht.

„Leute, unser Taxi wartet unten!“

Die vier Hochhaus-Detektive rannten hinaus. Im nächsten Moment standen Anton, Isha und Mesut jedoch schon wieder vor seiner Tür und keuchten: „Danke!“

„ … dass du das für uns gemacht hast!“

„Und tut uns echt leid, dass wir –“

„Haut schon ab“, knurrte Maxim und schob die Hochhaus-Detektive aus der Wohnung.

DER MESUT-VULKAN

Das Taxi setzte das HD42-Ermittlungsteam am Eingang des Stadtparks ab.

„Wie schnell man sich ans Taxifahren gewöhnen kann“, seufzte Mesut, als sie ausstiegen. Anton nickte. Dann rannten sie zu viert durch das gemauerte Tor des Stadtparks in Richtung Ententeich.

Es war Sonntag Abend, kurz vor 19 Uhr. Die Septembersonne stand schon tief, der Park war fast leer. Die letzten Eltern schoben ihre Kinderwägen nach Hause. Mesut, Isha, Anton und Pauline eilten den Weg durch den Park vorbei am Spielplatz und der verlassenen Liegewiese.

Ausgerechnet jetzt machte es PING auf Antons Handy.

„OH NEIN!“, rief Anton Mesut zu, während er weiterlief. „Meine Mom schreibt, dass deine Eltern gerade bei ihr geklingelt haben, um zu fragen, wo du bist. Deine Eltern, Isha, waren auch schon da.“

„Unsere Eltern fangen an, sich zu vernetzen, ich weiß nicht, wie ich das finden soll“, stellte Isha fest.

„Erst müssen wir den Dieb fangen, dann melden wir uns“, rief Mesut, und sie rannten weiter.

Sie kamen zu dem alten Märchenbrunnen, der verlassen vor sich hin plätscherte. Isha, Mesut, Anton und Pauline sahen sich um.

„Wo ist noch mal der Ententeich?“, rief Mesut verzweifelt.

Aus Paulines Handy konnten sie Maxim lachen hören: „Orientierung gehört nicht zu euren Stärken, was? Der Ententeich ist in der anderen Richtung, hinter der Liegewiese.“

Die Hochhaus-Detektive drehten um und rannten zurück.

In der Ferne hörten sie die Rathausuhr sieben Mal schlagen. Jetzt war es genau 19 Uhr.

Mesut begann zu rasen, als ob an seinen Beinen ein zusätzlicher Düsenantrieb befestigt wäre. So erreichte er als Erster das Wäldchen, das rund um den Ententeich lag. Langsam schlich er sich durch das Gebüsch und hielt Ausschau nach dem handyklauenden Ballonverkäufer. Er gab den anderen, die nun auch eintrafen, ein Zeichen, dass sie zu ihm kommen sollten.

„Da! Da sitzt er, der Lump!“, flüsterte Mesut.

„Wo?“, fragte Anton, der trotz Brille in der einsetzenden Dämmerung immer schlechter sehen konnte.

„Da vorne auf der Bank“, flüsterte Isha und zeigte mit ihrem Finger auf die Bank, die hinter dem Ententeich links stand. „Er hat seine braunen Lederschuhe an.“

„Los, wir gehen noch ein bisschen näher dran. Zu dem Gebüsch da vorne!“, flüsterte Mesut.

Die vier schlichen gebückt durch das Wäldchen und versteckten sich hinter einem Haselnussstrauch.

„Aber von hier aus sehen wir doch immer noch nichts!", flüsterte Pauline.

„Tadaaaa!", flüsterte Mesut und holte aus Antons Rucksack Opa Cemals Fernglas heraus.

„Wow!", staunte Pauline. „Das ist ja ein edles Teil. Wo hast du das denn her?"

„Gehörte meinem Opa."

„Und woher kennst du dich so gut mit Ferngläsern aus?" „Oma Adelheid und Waltraud gehen ständig jagen", stöhnte Pauline. „Und ich muss mit."

„Jetzt tust du mir wirklich leid!“, flüsterte Isha.

„Danke“, sagte Pauline und zwinkerte Isha freundschaftlich zu. Mesut suchte mit seinem Fernglas die Umgebung ab.

„Noch scheint niemand in Sicht zu sein. Der Ballonverkäufer hat einen großen Rucksack dabei. Da ist bestimmt mein Handy drin.“

„Und vielleicht auch das deiner Oma!“, hoffte Anton.

„Das kann nicht sein“, überlegte Isha. „Das befindet sich bestimmt dort, wo auch der Identitätsdiebstahl stattfindet.“

„Du hast recht! Wo das wohl ist?“

„Schaut mal!“, flüsterte Mesut aufgeregt. „Da hinten rechts kommt jemand. Die Person trägt einen schwarzen Rock und eine schwarze Jacke. Sie hat die Kapuze über den Kopf gezogen, ich kann ihr Gesicht nicht sehen … Sie geht direkt auf die Bank zu … Sie dreht sich zu uns um!“

Sofort duckten sich die Hochhaus-Detektive, obwohl sie hinter dem Haselnussstrauch gut versteckt waren.

„Ah, sie hat sich nur umgesehen, ob die Luft rein ist … Jetzt setzt sie sich neben den Ballonverkäufer … Er sagt etwas … Die Person nimmt die Kapuze vom Kopf: ES IST DIE KELLNERIN AUS DEM CAFE!“

Die Kinder konnten es kaum glauben. „Das gibt's doch nicht!“, flüsterte Anton.

„Sie ist die Komplizin!“, flüsterte Isha.

„Dieses gemeine Stück!“, flüsterte Mesut. „Deswegen war sie auch so fies zu uns. Sie hat gemerkt, dass wir ihr auf die Schliche gekommen sind.“

„Jetzt macht alles Sinn“, flüsterte Isha. „Als Kellnerin kriegt sie im Café König alles mit und sieht genau, wenn jemand ein ungesichertes Handy hat.“

„Sie checkt vorher die Leute aus, und der Ballonverkäufer kommt dann vorbei und bestiehlt sie.“

„Fiese Nummer!“, stellte Pauline fest.

„So wie die Kellnerin aussieht, macht sie bestimmt die Betrügereien im Internet“, meinte Mesut. „Zutrauen würde ich es ihr!“

„Aber wir verdächtigen ja nicht mehr Leute nach ihrem Aussehen“, erinnerte Isha. „In dubio pro reo.“

„Stimmt.“

„Welches Deo?“, fragte Pauline.

Darüber mussten Mesut und Anton so lachen, dass Isha sie ermahnen musste: „Habt ihr sie noch alle? Nicht dass sie uns noch hören!“

Mesut und Anton rissen sich wieder zusammen. Isha hatte sich unterdessen das Fernglas gesichert und beobachtete: „Da: Der Ballonverkäufer macht seinen Rucksack auf und holt die Handys raus.“

„Ich finde, jetzt ist ein guter Zeitpunkt, die Polizei zu rufen“, flüsterte Anton in Paulines Smartphone, damit es Maxim hörte. „Oder hat noch jemand was dagegen?“

„Ich!“, sagte plötzlich eine tiefe Männerstimme hinter ihnen.

Plötzlich wurde Pauline das Smartphone aus der Hand gerissen. Die Kinder drehten sich erschrocken um: Es war der andere Kellner aus dem Café König, der Gorillapinguin. Von Nahem war er fast zwei Meter groß.

Wütend schaltete er Paulines Handy aus und blaffte sie an: „Was macht ihr hier?“

Bevor die Hochhaus-Detektive antworten konnten, pfiff der Gorillapinguin auf seinen Fingern. Sofort kamen die Kellnerin und der Ballonverkäufer angelaufen. Ehe die vier Kinder sich’s versehen konnten, waren sie von den drei Erwachsenen umzingelt.

„Das sind doch die Gören aus dem Café!", zischte die Kellnerin.

„Was wollen die hier?", knurrte der Ballonverkäufer.

„Ich will mein Handy wiederhaben!", rief Mesut.

„Welches Handy?", fragte die Kellnerin und grinste fies.

„Wir haben euch überführt!", rief Isha. „Wo ist das Handy meiner Oma? Wo führt ihr eure Internetgaunereien durch?"

„Was quatschst du da?", fragte der Gorillapinguin und warf der Kellnerin einen ernsten Blick zu. Die schaute sich um, ob es auch keine Zeugen im Park mehr gab. Der Gorillapinguin zischte: „Was machen wir jetzt mit diesen Früchtchen?"

„Her mit euren Handys!", brüllte die Kellnerin. „Sofort!" Sie ging zu Pauline, um es sich geben zu lassen.

„Meins hat dein Kollege bereits", sagte Pauline eingeschüchtert. Jetzt ging sie zu Isha und Anton, die erschrocken ihre Handys aus der Hosentasche zogen und sie hinüberreichten.

„Meins habt ihr auch schon, ihr Arschgeigen!", rief Mesut, der trotz seiner Angst auch stinksauer war.

„Ich geb dir gleich eine Arschgeige!" Der Gorillapinguin packte Mesut mit der rechten Hand am Kragen und hielt ihn fest. Dann riss er ihm mit der linken Hand das Fernglas aus der Hand: „Und was haben wir hier?"

„Gib mir mein Fernglas zurück!", schrie Mesut.

Der Gorillapinguin lachte, holte aus und warf Opa Cemals Fernglas in hohem Bogen weg. Entsetzt sahen Mesut, Anton, Isha und Pauline, wie es durch die Luft flog und mit einem lauten PLATSCH im Ententeich versank.

„Los, schnappt sie euch!“, rief der Gorillapinguin.

Doch er hatte nicht mit der vulkanartigen Wutexplosion gerechnet, die der Verlust des Fernglases in Mesut auslöste: Der stieß ein ohrenbetäubendes Kampfgeheule aus und stürzte auf den Gorillapinguin zu. Dann spulte Mesut in einem irren Tempo alle Kampfbewegungen ab, die seine Schwester Gizem ihm jemals beigebracht hatte. Der Gorillapinguin konnte gerade noch zur Seite springen. Anton, Isha und Pauline fühlten sich, als ob sie plötzlich in einem Kung-Fu-Film waren.

Weil auch die Kellnerin und der Ballonverkäufer angesichts dieser Kampfkunsteinlage völlig überrascht waren, ergriffen die übrigen Hochhaus-Detektive ihre Chance: Anton und Pauline rannten zum Ballonverkäufer und nahmen ihn in die Mangel. Sie boxten ihm links und rechts so fest in die Seite, dass er laut aufheulte.

Isha war in der Zwischenzeit der Kellnerin auf den Rücken gesprungen und hielt ihr die Augen zu.

Da nahm Mesut einen neuen Anlauf. Er machte eine formvollendete Drehung und trat dem Gorillapinguin mit einem 1-a-Roundhouse-Kick in die Kronjuwelen. Der krümmte sich vor Schmerzen und ging zu Boden. Sofort sprang Mesut auf seinen Rücken und zog ihm so fest an den Haaren, als ob er ihn gleich skalpieren würde.

„AUAAAA“, schrie der Gorillapinguin so laut, dass sein Schrei fast das TATÜTATA übertönte, das nun immer lauter wurde. Gleich mehrere Polizeiautos kamen durch den Park auf sie zugefahren. Ein ganzer Polizeitrupp stieg aus und rannte durch das Wäldchen auf sie zu.

Das bereits angeschlagene Gangstertrio hatte keine Chance zu flüchten. Schon machten die Handschellen der Polizei KLICK, KLICK, KLICK, und sie wurden abgeführt.

Im Rucksack des Ballonverkäufers fand die Polizei nicht nur Paulines, sondern auch Mesuts geliebtes Handy. Doch der interessierte sich gar nicht mehr dafür.

Er stand am Ufer des Ententeichs und starrte ins Wasser. Isha und Anton stellten sich neben ihn.

„Wie soll ich das meiner Familie erklären?“, flüsterte Mesut. Seine Freunde nahmen ihn in den Arm.

Pauline schlich zur leitenden Polizeibeamtin und flüsterte ihr etwas ins Ohr. Die nickte und wählte daraufhin eine Nummer.

Nach einem kurzen Telefonat kam sie zu Mesut und teilte ihm mit: „Du bekommst dein Fernglas zurück.“

Weil Mesut nicht verstand, beugte sie sich zu ihm hinunter und sagte leise: „Zufällig habe ich gerade erfahren, dass unter den gestohlenen Handys auch das des Mannes unserer Bürgermeisterin ist. Ich habe von ihr soeben die Erlaubnis bekommen, dass wir nach deinem Fernglas tauchen werden." Dann sagte sie noch mal laut und deutlich: „Aber macht nicht noch einmal so einen Alleingang, das war wirklich gefährlich! Auch wenn es mal wieder verdammt gute Ermittlungsarbeit war, die HD42 hier hingelegt hat!"

Die anwesenden Polizistinnen und Polizisten applaudierten, und Mesut, Anton, Isha und Pauline freuten sich riesig.

Zwei Tage später erschien ein großer Zeitungsartikel über den neuen Ermittlungserfolg der Hochhaus-Detektive:

Stadtbote

DIE HOCHHAUS-DETEKTIVE ERMITTELN WIEDER ERFOLGREICH

„Wieder einmal ist es den mutigen Detektiven von HD42 gelungen, die Polizei bei der Aufklärung eines Verbrechens zu unterstützen. Durch ihre Hilfe konnte die Polizei eine gerissene Bande von Internetbetrügern stellen. Bei der Durchsuchung der Wohnung einer der Verdächtigen konnte die Polizei Hunderte gestohlene Smartphones sicherstellen. Die Bande war deutschlandweit aktiv und wechselte immer wieder die Stadt. Bei der Auswertung der beschlagnahmten Computer konnte die Polizei die getätigten Identitätsdiebstähle nachvollziehen. Insgesamt ist ein Schaden von einer halben Million Euro entstanden.

Die Polizei warnt die Bevölkerung eindringlich, ihre Handys und Computer zu schützen sowie ausschließlich starke Passwörter zu benutzen.

ÜBERRASCHUNG!

Am Morgen seines 11. Geburtstags lud Antons Mama ihn zur Feier des Tages auf eine Cola bei Deniz ein. Anton wunderte sich über diese Einladung, machte sich aber gut gelaunt mit ihr auf den Weg. Als sie zum Kiosk kamen, war es seltsam still. Keine Menschenseele weit und breit. Anton sah sich verwundert um.

Da hörte er plötzlich von überall rufen: ÜBERRASCHUNG!

Von allen Seiten warfen Menschen Konfetti auf Anton: Mesut, Isha, Steffi, Oma Dinky, Necla, Bülent, Firat, Gizem, Alara und Zeynep, Sindhu, Dinesh, Charu, Swati, Amal, Deniz, Hausmeister Kawuppke, ja selbst Oma Adelheid war gekommen, weil ihre Enkelin Pauline unbedingt bei der Überraschungsparty zu Ehren ihres neuen Freundes dabei sein wollte. Zusammen sangen alle, so laut sie konnten:

♫ *Happy birthday to youuuuuu* ♫

Anton freute sich, und gleichzeitig wäre er am liebsten im Boden versunken vor Scham. Mesut sah seinem Freund das an der Nasenspitze an. Deswegen zog er ihn zu sich hinüber und zeigte ihm den dreistöckigen Schokokuchen, den er extra mit seiner Mama Necla für ihn gebacken hatte.

Anton staunte. Glücklich sah er sich um: Alle waren da. Der Einzige, der fehlte, war sein Papa Tom.

Da kam Antons Mama und küsste ihn auf den Kopf. Mit einer feierlichen Geste überreichte sie ihm einen Umschlag. Anton schaute hinein: Es waren drei Tickets für den coolsten Escape-Room der Stadt.

„Darauf hast du also die ganze Zeit gespart!“, rief er und warf sich glücklich seiner Mama in die Arme.

„DANKE!“

„Was ist noch mal ein Escape-Room?“, fragte Mesut Pauline, die ihm geduldig erklärte, dass man dort einen Fall löste und dazu jede Menge Rätsel knacken musste. Als Antons Mama auffiel, dass Pauline nun nicht mitkommen konnte, tat ihr das schrecklich leid: „Ich wusste ja nicht, dass die Hochhaus-Detektive jetzt zu viert ermitteln!“

„Das wussten wir vor einer Woche auch noch nicht“, grinste Mesut und klatschte sich mit Pauline, Anton und Isha ab.

„Läuft bei mir“, freute sich Pauline.

„Und bei Ihnen läuft es auch wieder?“, fragte Isha den Hausmeister, der ein neues Hawaiihemd trug. Kawuppke grinste.

„Dank meiner Topanwältin kenne ich jetzt meine Rechte und weiß, dass das Tragen von Hawaiihemden kein Kündigungsgrund ist.“ Kawuppke gab Charu eine Ghettofaust.

Oma Dinky lachte und machte ein Foto nach dem anderen.

Deniz schenkte allen Erwachsenen Kaffee aus. Seitdem ihre Kinder als Hochhaus-Detektive zusammen ermittelten, hatten sie immer viel zu quatschen. Dinesh und Necla bauten das Buffet auf, das aus indischen und türkischen Süßigkeiten bestand.

Bülent machte einen Videoanruf bei seinem Papa Cemal. Der stand in Badehose am Strand des Schwarzen Meers und freute sich riesig, dass die Hochhaus-Detektive schon wieder einen Fall gelöst hatten: „Mit meinem Fernglas!“

Stolz hielt Mesuts Papa das Fernglas hoch. Die Polizei hatte es nach mehreren Tauchgängen im Ententeich gefunden und mit einer persönlichen Dankeskarte der Bürgermeisterin bei ihnen abgegeben.

Neugierig beugte sich Oma Dinky über Bülents Handy, zeigte auf Opa Cemal und flüsterte Isha zu: „Wer ist denn dieser attraktive junge Mann?“ Isha konnte kaum glauben, was sie da gerade gehört hatte.

Da bog Maxim um die Ecke. In seiner Hand hielt er vier Heliumballons. Diese überreichte er feierlich

Mesut, der sie an Alara, Zeynep und Amal weiterreichte. Glücklich liefen sie damit durch die Gegend.

„Hab ich doch gleich gewusst, dass du ein gutes Herz hast“, sagte Swati zu Maxim.

„Besser als kein Herz, meine Liebe“, erwiderte Maxim.

„1:0 für dich“, grinste Swati. Dann klimperte sie wie wild mit ihren Wimpern und fragte: „Sag mal, du kennst dich doch mit Handys aus? Mein Akku ist dauernd leer – könntest du dir das mal anschauen?“

„Dein Wimpergeklimper kannst du dir sparen. Entweder wir sind ab jetzt ehrlich zueinander oder das war's!" Verwundert sah Isha zu, wie ihre Schwester daraufhin nickte.

Immer wieder schaute Anton heimlich auf sein Handy, ob sein Papa ihm nicht doch noch einen Geburtstagsgruß schickte. Da fuhr plötzlich ein Lieferwagen vor.

Ein Paketbote holte aus dem Kofferraum ein riesiges Paket und fragte: „Ist hier ein Herr Anton Schmitz?"

Anton nickte verwundert. Der Paketbote überreichte ihm eine Karte und das Paket.

„Das ist für dich."

Anton las die Karte, auf der stand: „Happy Birthday, mein Großer!" Sie war von seinem Papa.

Seine Freunde halfen Anton, das Paket zu öffnen: Darin war ein nigelnagelneues BMX-Rad. Anton, Mesut und Isha fiel vor Staunen so die Kinnlade runter, dass Pauline sie ihnen wieder zuklappen musste.

Anton suchte sich einen ruhigen Platz zum Telefonieren. Er ging hinter den Kiosk und lehnte sich an die Wand, während er die Nummer seines Papas wählte.

Diesmal nahm Tom sofort ab und sagte: „Anton! Mein Junge. Alles Gute zum Geburtstag."

Anton schaffte gerade noch „Danke!" zu sagen. Dann schwiegen beide.

Da erinnerte sich Anton daran, was Mesut gesagt hatte: Die wichtigen Dinge im Leben sollte man im Gehen bereden.

Also ging er los, und plötzlich sprudelten die Worte aus ihm heraus: Wie sehr er seinen Papa vermisste und wie doof er es fand, dass er sich nicht meldete.

Tom antwortete: „Ich hab es verbockt. Mit dir, mit Mama. Jetzt schäme ich mich so, dass ich mich gar nicht mehr traue, mich zu melden."

„Das ist keine gute Lösung."

Sie schwiegen wieder. Anton war am Stromhäuschen angekommen, das schon wieder ein neues Graffiti trug. Er drehte um und ging zurück.

„Könntest du mir nicht wenigstens aus jeder großen Stadt eine kleine Videobotschaft schicken?"

„Das mache ich, versprochen."

„Und richte dir eine verdammte Mailbox ein!"

„Du hast ja recht."

„Und bei Mama solltest du dich auch entschuldigen, das war eine echt schwache Nummer von dir." Tom versprach, dass er das machen würde. Doch Anton, der mittlerweile am Kiosk angekommen war, fackelte nicht lange und reichte das Handy an seine Mama hinüber.

Während sich Tom bei Steffi entschuldigte, rannte Anton zu seinen Freunden. Abwechselnd drehten die Hochhaus-Detektive eine Runde mit dem BMX-Rad, während Deniz die Musik an den Kioskboxen lauter drehte. Firat, Charu, Swati und Maxim begannen zu tanzen. Glücklich rief Mesut: „Kindheit, beste Zeit!"

Die Illustratorin

Elli Bruder wurde 1980 in der Pfalz geboren und hat schon als kleines Mädchen gerne Bildergeschichten gezeichnet. Seit dem Studium in Schottland und Freiburg arbeitet sie als Grafikerin und Illustratorin. Sie lebt mit ihrem Mann und einem Stall voller Tiere am Ratzeburger See in Norddeutschland.

Für Elsa, meine allerbeste Junior- und Co-Trainerin für positives Tiertraining: Kinder wie du machen die (Tier-)Welt besser und ich hoffe, dass du als Leseratte ganz viel Freude mit den Hochhaus-Detektiven haben wirst.

Die Autorin

Johanna Lindemann arbeitete als Jahrmarktsverkäuferin, untalentierte Barkeeperin und ehrliche Werbetexterin. Ihre Töchter haben aus ihr einen besseren Menschen gemacht. Daher bereitet es ihr am meisten Freude, Kindern Geschichten zu erzählen – weil da die Augen am stärksten leuchten.

Ich danke von Herzen:

Meiner geduldigen und ideenreichen Lektorin Corinna Scherr.

Meinem Sensitivity Reader Peter Armster.

Den Autorinnen Mechthild Lanfermann und Malou Berlin.

Noopur Kapoor Bhandari für die Beratung zur indischen Kultur. Sowie Maharajji, Ram Dass und Krishna Das.

Frank Rieger vom Chaos Computer Club für die Beratung zur Handyüberwachung. Sowie netzpolitik.org für alles, was ich als DAU bei euch gelernt habe.

Meiner großartigen Agentin Christine Härle.

Meinen bücherliebenden Eltern Inge und Siegfried Rötteler.

Meinem Mann Nikolai für Rat & Tat und so viel Liebe.

*Ganz besonderen Dank geht an meine schlauen Testleser*innen Martha, Frederik, Nino, Navya, Manva und Theo.*

Und an meine Töchter Rosa und Golda, die härtesten und besten Kritikerinnen auf der nördlichen Erdhalbkugel – ich habe euch immer noch einen mehr lieb!

LUST AUF NOCH MEHR HD42?

Die Hochhaus-Detektive (Band 1)

ISBN: 978-3-7459-1566-2

15,00 € (D) / 15,50 € (A)

HANDYREGELN!

Auf dieser Webseite hält Anton noch weitere Informationen rund um das Thema Handysicherheit und Internetkompetenz für dich bereit:
www.handyregeln.de